Franz Zodl · Alles Topf'n und Kas

Alles Topf'n und Kas

Die köstlichsten
Rezepte von
Meisterkoch FRANZ ZODL

PICHLER

Symbol-Erklärung

Für den kleinen Hunger –
Snacks und Aufstriche

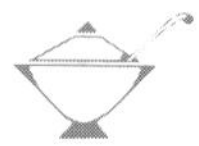

Suppen

Hauptspeisen

Desserts

ISBN 3-85431-144-3

Text: Prof. Franz Zodl
Redaktion: Dr. Christiane Scholler
Lektorat: Dr. Johannes Sachslehner
Lektorat Rezepte: Dr. Andrea Schmoll
Käsekundliche Hinweise: Käseland Naschmarkt, Wien

Buchgestaltung: Bruno Wegscheider
Produktion: CHERNI

Reproduktion: Krammer, Linz
Druck: Inovamedia, Wien

Frühling

Sommer

Herbst

Winter

Franz Zodl im Porträt

Ein Weltreisender in Sachen „Wiener Küche" – ein Meister der Kochkunst und des Wiener Charmes! Soweit die erste Charakteristik eines Mannes von internationalem Format, der enormes Wissen und unglaubliches Fingerspitzengefühl mühelos unter seine Kochhaube bringt.

Wer Direktor Professor Franz Zodl einmal kennengelernt hat, wer dabei auch noch das Glück hatte, eines seiner exzellenten, genial einfachen und gerade deshalb so vollendeten Menüs zu erleben, wird diese Höhepunkte in doppelter Hinsicht nicht vergessen.

Zum einen, weil Franz Zodl ein hinreißender, intelligent-witziger Gesprächspartner ist.

Zu jedem Thema das passende Wort! Humorvolle Betrachtungen, aber auch wehmütige Erinnerungen werden mit sympathisch-österreichischem Augenzwinkern erzählt.

Nach wichtigen Lebensabschnitten befragt, ergibt sich binnen kürzester Zeit ganz von selbst das bunte Mosaik einer vielseitigen Persönlichkeit, die von Beginn an ganz im Zeichen der Kreativität und des Kochens stand.

Zum anderen, weil erstklassiges Kochen nie ohne fundiertes Wissen auf breitester Basis möglich ist. Dazu kommt das G'spür, das man nirgends lernen kann und ohne das sich die *Haute Cuisine* nur auf technisch perfekte Küche reduziert.

Franz Zodl hat, worauf es ankommt – er kann es einfach, das Kochen. Und wie!

Kein Quereinsteiger also mit neumodischem, heutzutage weniger denn je gefragtem Firlefanz. Ganz im Gegenteil: einer, der das Kochen von der Pike auf gelernt hat, der vom Zuckerbäckerlehrling zum Meisterkoch im traditionsreichen Wiener *Sacher* wurde – und einer, der nach vielen weiteren Sprossen auf der Karriereleiter schon in recht jungen Jahren den kulinarischen Olymp erreicht hat ... So einer darf sich völlig zu Recht ungemeiner Popularität und niemals in Frage gestellter Kompetenz erfreuen.

Daß die Wiener Universität ihrem Dozenten im Jahre 1996 auch noch durch den Bundesminister für Unterricht und kulturelle Angelegenheiten den Titel „Professor" verleihen ließ, mutet bei Franz Zodls Lebenslauf schon fast ein bißchen selbstverständlich an. Das Tüpfelchen auf dem I sozusagen – und trotzdem ruht er sich nicht auf seinen Lorbeeren aus.

Der vielseitige Direktor der Gastgewerbefachschule im 1. Wiener Gemeindebezirk bringt nämlich nicht nur seinen Schülern das A & O des Kochlöffelschwingens bei. Gleichzeitig wird von ihm die kulinarische Botschaft österreichischer Genüsse in alle Welt gebracht: Franz Zodl zeigt auch „den anderen“ unermüdlich, wie's geht. Zwischen Ungarn und Deutschland, Japan und Norwegen gibt es noch viel „unbekochtes“ Neuland! Die Reaktionen der Hotel- und Gastgewerbe-Fachschulen anderer Länder sind dementsprechend euphorisch.

Wie könnte es auch anders sein, fragt sich der gelernte Österreicher – schließlich hat Wolfram Siebeck erst vor kurzem Wien zur Welthauptstadt des Genießens erhoben ...

Kein Wunder, meint Franz Zodl mit verschmitztem Lächeln. Die Wiener Küche ist eben viel herumgekommen und holt für den Genießer Exzellentes aus allen Himmelsrichtungen an die Donau! Kochbücher gibt's viele, gute Köche ebenso. Aber hier finden Sie die Quintessenz aus dem Leben eines Meisterkochs und Feinschmeckers, sein umfassendes Wissen um große Themen und kleine Küchengeheimnisse. Und all das auch noch zum typisch österreichischen Thema „Topf'n und Kas“ – eine Kombination also, die es in dieser Form noch nicht gegeben hat. Jedes Rezept hat der Meister selbst erdacht und für Sie ausprobiert. Sie werden Traditionelles und Bewährtes, aber auch Neues und Exklusives finden. Mit Sicherheit für jeden Geschmack das Richtige!

Freuen Sie sich also über kleine Anekdoten und große Erfolge, über köstliche Rezepte und viele praktische Tips rund um Topfen und Käse. Genießen Sie es, mit einem österreichischen Meisterkoch in der Küche zu stehen, der Ihnen beim Kochen über die Schulter schaut und ganz nebenbei kleine Stationen aus seinem Leben erzählt, die nicht nur ihn, sondern auch dieses Buch unvergeßlich machen.

Kleine Käsekunde

ALLES TOPF'N ...

... und a Kas: Nicht umsonst steht der Topfen ganz am Anfang unseres Buches! Schließlich ist er der „Urvater" aller Käsesorten.
Die entrahmte und pasteurisierte Milch wird mit Milchsäurebakterien und Lab gleichzeitig dickgelegt. Spezielle Zentrifugen trennen dann die Molke von der frischen Käsemasse. Das Ergebnis heißt „Magertopfen" – bekannt und beliebt in fast jedem österreichischen Haushalt.

MANCHE MÖGEN'S MAGER,

andere lieber gehaltvoll: Je nach gewünschtem, auf der Packung nachlesbarem Fettgehalt wird dem Magertopfen Rahm zugesetzt. Frisch-säuerlich im Geschmack, cremig geschlagen, gekühlt und in verschiedene Verpackungen gefüllt, wandert der so eigentlich auf sehr einfache Weise hergestellte Topfen bald über den Ladentisch zum Verbraucher.
Um jedem Geschmack gerecht zu werden, gibt's Topfen in sechs verschiedenen Fettgehaltsstufen. Unter „10% F.i.Tr.", also weniger als 10% Fett in der Trockenmasse, bedeutet „Magerstufe". Magertopfen ist übrigens nicht nur bei figurbewußten Genießern sehr beliebt – er hat gleichzeitig auch den höchsten Anteil an Milcheiweiß!
Im Gegensatz dazu hat Topfen mit bis zu 50% F. i.Tr. mehr Kalorien zu bieten. Allerdings ist der tatsächliche Fettgehalt im Topfen nicht wirklich hoch: Schließlich enthält er viel Flüssigkeit und zum Beispiel weit weniger Trockenmasse als Hartkäse! Ist der (streichfähige) Topfen nicht als Basis für gesunden Brotaufstrich oder für die „schlanke" Dessertschale gefragt, sondern soll er für Strudel oder Knödel verwendet werden, eignet sich gepreßter Topfen mit seinem niedrigeren Wassergehalt besonders gut.
Daß man aber etwas mehr aus Topfen („Quark") machen kann, als ihn nur zu Liptauer, Strudel oder Knödeln zu verarbeiten, werden Sie schon auf den ersten Rezeptseiten dieses Buches feststellen. „So ein Topfen!" wird dann plötzlich zum Jubelruf – wetten, daß?

... UND A KAS

Hand auf's Herz: Wie viele Käsesorten kennen Sie wirklich? Und welche kommen bei Ihnen tatsächlich auf den Tisch?
Daß in Österreich – trotz bester landwirtschaftlicher Voraussetzungen – nicht öfter und in abwechslungsreicher Form Käse zu den Mahlzeiten gereicht wird, und zwar pur oder in diversen Gerichten verarbeitet, liegt vor allem an unserer Eßtradition. Schließlich lautet die goldene Menü-Regel : (manchmal) Vorspeise, Suppe, Hauptspeise, Dessert.
Vielleicht nur Suppe und Hauptspeise, manchmal gibt's auch nur ein Hauptgericht und dann das Dessert. Aber in keinem Fall ist Käse wirklich eingeplant – es sei denn, man lädt gute Freunde zum französisch angehauchten Diner, wo der Käse-Abschluß zum absoluten Muß gehört. Oder die Gäste sind deklarierte Käse-Fans – darauf wird ebenso Rücksicht genommen wie auf jene eher seltenen Mitmenschen, die nichts Süßes mögen und trotzdem nach dem Hauptgericht etwas auf den Teller bekommen sollen.

KÄSELAND ÖSTERREICH?

Gehören Sie aber zu jener österreichischen Minderheit, die gerne und oft Käse serviert, kommen Sie aus dem Staunen nicht heraus.
Österreich wird immer öfter als „klassisches" Käseland bezeichnet. Warum eigentlich? Wegen der gewaltigen Milchproduktion und der daraus resultierenden theoretischen Möglichkeit einer phantasievollen Käseerzeugung auf hohem Niveau?
Ehre, wem Ehre gebührt. Frankreich zeigt einfach schon zu lange vor, wie's wirklich geht.
Trotzdem gibt es eine immer umfangreicher werdende Produktpalette an österreichischem Käse, die weit über Emmentaler, Camembert und Schmelzkäse hinausgeht.

ALLES KÄSE!

Bevor wir also *in medias Käse* gehen, noch ein paar allgemeine Tips:

1. Guter Käse ist nicht hübsch

Leider wird in Supermärkten und Lebensmittelhandlungen grundsätzlich nur Käse angeboten, der in Folie luftdicht verschweißt – und somit tot ist. Vergessen Sie diese Käseleichen, die fast durchwegs in Kühltruhen endlos gelagert werden! Solcher Käse kann nicht atmen und schmeckt, wie er aussieht: Steril, langweilig, kaum von anderen Sorten zu unterscheiden.

2. Der Fachmann ist gefragt

Am besten, Sie halten sich an das Käse-Fachgeschäft: Dort wird das duftende Gold nicht nur richtig gelagert, Sie werden auch fachkundig beraten!

3. Weniger ist mehr

Und soviel steht ohnedies fest: besser ein einziger wirklich reifer Käse als vier unreife. Ausgereifter, herrlich riechender und geschmacklich hervorragender Chaumes oder Camembert – das ist Genuß pur! Beim Wein werden Sie es auch nicht anders halten: besser eine wirklich gute Flasche als 10 verschiedene, und in keiner ist ein wirklich überzeugender Tropfen.
Daher auch besser etwas weniger von der gelben Köstlichkeit, dafür aber keine Reste im Kühlschrank. Denn länger als etwa 3 Tage hält der Käse bei Ihnen zu Hause nicht! Fachgerecht lagern ist eben über einen längeren Zeitraum nur beim Käse-Spezialisten möglich.

4. Apropos Lagerung:

Der Kühlschrank ist nicht der Ort der Wahl! Ideal wäre ein kühler, feuchter Keller mit etwa 5–9° Celsius – in den heutigen Neubauwohnungen wohl eher schwer vorzufindende Bedingungen. Also notfalls doch der Kühlschrank – dort aber bitte nur im abgeschlossenen Gemüsefach. In modernen Geräten ist zwar bereits oft ein Käsefach eingebaut, es liegt jedoch meist zu hoch und wird daher zu kalt. Im Idealfall kaufen Sie lieber etwas weniger Käse. Wenn doch etwas übrigbleiben sollte, hüllen Sie diesen Rest (in der Originalverpackung!) in ein feuchtes Tuch aus Leinen.
Zumindest ein bis zwei Stunden vor dem Servieren sollte man den Käse in die Küche oder in das Eßzimmer stellen, damit er die richtige Temperatur annehmen kann.

5. Und die Käseglocke?

Tut uns leid – aber von diesem unnötigen „Behältnis" sollten Sie sich so rasch wie möglich trennen. Es ist die Totenglocke für jeden noch so einfachen Käse!

Denn plötzlich liegen auf engstem Raum verschiedenste Sorten mit vielerlei Gerüchen beisammen – das kann doch nicht gutgehen. Kein Wunder, daß alle derart mißhandelte Käsesorten gleich schmecken. Wirklich schade um's Geld und um den Käse!

6. Kein Käse ohne Rinde

Besser gesagt: Fast jeder Hartkäse besitzt eine Rinde. Die Frage dazu:
Kann man diese Rinde essen? Schließlich sagen die Franzosen: Wer den Käse mit der Rinde ißt, der ißt auch die Wurst mitsamt der Haut.
Und nicht viel anders gemeint ist der sinnige Spruch: Mein Vater ist ein Appenzeller, ißt den Käs mitsamt dem Teller.
Mit dem Teller ist die Rinde gemeint!
Also, im Klartext: Wenn bei Hartkäse Rinde vorhanden ist, sollte dieser ohne Rinde serviert werden.
Und ansonsten gilt: Natürlich gereifte Käserinde ist grundsätzlich eßbar – vor allem bei Käse mit Edelschimmel oder einer Schmiere als Oberfläche. Hier ist die Rinde maßgeblich am Käse-Aroma beteiligt!
Beim Rohmilchkäse sollte man die Rinde entfernen, denn auf dieser könnte sich auch Fremdschimmel befinden. Und das wäre auch dem sorglosesten Käse-Esser nicht „wurscht".
Handelt es sich um Rinden aus Wachs, Folie oder Paraffin, um Kunstprodukte also, sind diese selbstverständlich nicht für den Genuß geeignet. Aber das merkt man ohnedies sehr schnell selbst!

7. Käse und Wein ...

... sind eine klassische Kombination. Aber welcher Tropfen zu welcher Sorte Käse?
Lesen Sie dazu am besten unser Nachwort ab Seite 122!
Grundsätzlich gilt: Was aus derselben Gegend stammt, paßt zusammen.
Zum Roquefort paßt ein guter Burgunder, zum Bonbel ein Bordeaux.
Es gibt aber auch andere Kombinationen, die mindestens ebensogut passen!
Zum Beispiel kann zum Emmentaler oder auch zum frischen Ziegenkäse herbes, kühles Bier gereicht werden. Ein Hochgenuß – probieren geht über studieren!
Oder der Camembert: Er wird in der Normandie gerne mit Apfelwein *(Cidre)* serviert. Für uns ungewöhnlich, dort selbstverständlich.
Keine Frage: Erlaubt ist, was schmeckt.
So wie die alte Regel „Zu Fisch nur Weißwein, zu Wild nur Rotwein" schon längst nicht mehr zwingend ist, so kann auch der Käsekenner das Lieblingströpferl mit seinem Käse-Favoriten kombinieren, wenn ihm danach ist.

8. Und dazu?

Mit Obst wie Äpfeln, Weintrauben oder Birnen können Sie kaum etwas falsch machen. Herbstliche Käsegenüsse werden häufig von frischen Walnüssen begleitet. Die einfachsten Dinge sind halt doch die besten!
Brot und Butter gehören ebenfalls dazu. Mit einer Ausnahme:
Roquefort sollte unbedingt ohne Butter gegessen werden.
Brotsorten gibt es fast ebenso zahlreich wie Käsearten. Schwarz- oder Weißbrot, Land- oder Spezialbrot: Die Auswahl des Brotes ist reine Geschmackssache.
Frisch sollte die gebackene Vielfalt in jedem Fall sein, nur leicht süßliches Toastbrot („weil's so praktisch ist") sollte zum Käse in jedem Fall vermieden werden!

9. Käse nach Saison

Auch das gibt es!
Freuen Sie sich auf die Rezeptseiten: Dort sind nach Jahreszeiten die jeweils empfehlenswerten Käsesorten für Ihre saisonal „richtig" zusammengestellte Käseplatte zu finden.

KENNEN SIE KÄSE?

Nicht ganz ernst gemeint die Frage, und trotzdem – Hand aufs Herz:
Welche Käsesorten kennen Sie wirklich?
Haben Sie zum Beispiel gewußt, daß es allein bei uns in Österreich rund 140 heimische Käsesorten gibt? Und weltweit wissen Käsekenner sogar über 3000 Sorten zu schätzen – und zu genießen.
Damit der nächste Einkauf zum gezielten ersten Schritt in das Reich der Käsedelikatessen wird, finden Sie auf den nächsten Seiten einen kleinen Überblick in Sachen goldgelber Köstlichkeiten.

KÄSE & GESUNDHEIT

Die beste Nachricht gleich vorneweg:
Käse ist ein gesundes Milchprodukt und enthält somit fast alle Bestandteile dieses „Rohstoffes" – Milch ist nicht umsonst unser wichtigstes Universal-Lebensmittel! Denn wie kein anderes Naturprodukt enthält sie alle Nährstoffe, Mineralien, Spurenelemente, Vitamine und Wuchsstoffe in idealer Zusammensetzung. Das einzige Problem: Milch ist leider auch das empfindlichste, unverändert nur sehr begrenzte Zeit haltbare und leicht zu verunreinigende Lebensmittel. Es gibt daher eine Reihe von Maßnahmen, das wertvolle Nahrungsmittel haltbar zu machen.
Einer der natürlichsten Wege dazu ist die Käseproduktion! Kein Wunder, daß gerade der Käse bereits seit Jahrtausenden zu den wichtigsten Nahrungsmitteln des Menschen gehört. Je nach Sorte und Fettgehalt wird die Milch dazu aufgerahmt (Rahmzusatz) oder entfettet.
Von Diätaposteln der heutigen Zeit oft zu Unrecht wegen des angeblich viel zu hohen Kaloriengehalts abgelehnt, sollte an dieser Stelle eine weitere Lanze für den Käse gebrochen werden: Die Fettangaben auf all den schönen weißen, gelblichen und orange-goldfarbenen Käsestücken sind nämlich relativ!
Zum Beispiel:
Der in Österreich allseits beliebte *Emmentaler* hat zwar „45% F.i.T.", das heißt „45% Fett in der Trockenmasse"; also in jener Substanz, die übrigbleibt, wenn dem Käse das Wasser entzogen wird. Sie haben aber keine Trockenmasse vor sich auf dem Teller, sondern ein wunderbar ausgereiftes Stück heimischer Delikatesse. Zum Käse werden konnte diese erst durch ein spezielles Herstellungsverfahren!
Tatsächlich finden Sie beim Emmentaler folgende Verteilung:
58% Trockenmasse, 42% Wasser.
Und die 58% Trockenmasse bestehen wiederum zu 29% aus Fett, zu 25% aus Eiweiß und zu 4% aus sonstigen Inhaltsstoffen. Die verbreitete Annahme, daß Emmentaler einen Fettwert von 45% hat, ist also schlichtweg falsch. Der tatsächliche Fettwert ist viel geringer und kann mit einer einfachen Formel berechnet werden: Sie multiplizieren den angegebenen „F.i.T."-Wert mit dem Faktor 0,7. Was für unseren Emmentaler bedeutet: Er hat tatsächlich genau 31,5% Fettanteil.

Einteilung der Käse in Gruppen

1. NACH GERINNUNGSART

** SAUERMILCHKÄSE:*

Er entsteht durch das Dicklegen der Milch mittels Milchsäurebakterien, wobei sich Sauermilchtopfen bildet. Dieser kann nun mit kleinen Mengen an Süßmilchtopfen bzw. Labtopfen gemischt werden. Das Ergebnis sind köstliche, kräftig schmeckende und dennoch kalorienarme Sorten (mit nur 190 Kalorien pro 100 g) wie *Quargel, Graukäse, Koch- und Sauerkäse.*

Der grob zerteilte Topfen wird mit Salz, Kräutern, diversen Gewürzen und Schimmelpilzkulturen verrührt, in Form gebracht und schließlich in warmen Räumen etwa 14 Tage bis zur Reifung gelagert. Für rund 9 kg Sauermilchkäse werden zirka 100 Liter entrahmte Milch benötigt! Der so entstandene Magerkäse weist einen relativ hohen Gehalt an Milcheiweiß auf, nämlich rund 37%. Allerdings auch den geringsten Fettanteil: unter 10% in der Trockenmasse.

Man unterscheidet beim Sauermilchkäse zwei Hauptgruppen:

a) Käse mit Rot- oder Gelbschmiere

Dazu zählen z.B. *Sauerkäse* und *Quargel.* Nach dem Trocknen werden diese Produkte mit Bakterienkulturen besprüht und dann nochmals gelagert, bis sich an ihrer Oberfläche die gewünschte Rot- oder Gelbschmiere zeigt, die für den pikantfeinen Geschmack notwendig ist.

b) Käse mit Schimmel

Sie werden nach dem Formen mit Weiß- oder Edelschimmelkulturen besprüht. Wenn der Schimmel dann die gesamte Oberfläche bedeck, ist der Käse eßfertig. Diese Käse werden zum Teil auch mit Labtopfen zubereitet und mit einem Anteil an Rotschmiere versehen – wie dies etwa bei der Produktion von *Graukäse* der Fall ist.

** SÜSSMILCHKÄSE*

Er wird auch *Labkäse* genannt und bildet die zweite Gruppe, zu der übrigens die meisten Käsesorten gehören. Ihnen allen ist gemeinsam, daß sie mit einem Labzusatz versehen werden. Naturlab ist jener Wirkstoff, der aus dem Magen von wiederkäuenden Jungtieren kommen, in erster Linie also von Kälbern; seltener von jungen Schafen oder Ziegen. *Lab* ist ein Ferment, mit dessen Hilfe das Eiweiß der Milch ohne Säuerung geronnen werden kann. Daher auch der Name „Süßmilchkäse"! Die moderne Käseproduktion greift manchmal auch auf Labaustauschstoffe zurück; der größte Teil der heute erzeugten Süßmilch-Käsesorten wird jedoch mit natürlichem Lab produziert.

2. NACH KONSISTENZ

** FRISCHKÄSE*

brauchen keine Reifung. Sie werden in acht verschiedenen Fettstufen angeboten.

Dazu gehören *Topfen, streichfähige Frischkäse* und *Cottage Cheese.*

** WEICHKÄSE*

heißen alle weichen Labkäse mit weißem Schimmel (z.B. *Camembert)* oder Rotschmiere (z.B. *Lim-*

burger) an der Oberfläche. Weich und fließend werden Weichkäse erst mit der Vollreife! *Brie*, verschiedene *Ziegenkäse*, *Romadur* und *Weinkäse* gehören ebenfalls zu dieser Gruppe.

** HALBFESTER SCHNITTKÄSE*

behält, wenn er geschnitten wird, gerade noch seine Form, ist aber trotzdem von weicher Konsistenz. Zum Beispiel: Edelpilzkäse wie *Österzola* und *Roquefort*, weiters *Esrom*, *Mondseer* und *Butterkäse*.

** SCHNITTKÄSE*

stellt eine besonders große Familie dar. *Edamer*, *Gouda* und *Bierkäse* sind praktisch jedem geläufig! *Geheimratskäse*, *Gouda*, *Tilsiter*, *Raclette*, *Räßkäse* und *Trappistenkäse* sind ebenfalls keine Exoten. Die Konsistenz: saftig und geschmeidig. Der Geschmack: unverwechselbar!

** HARTKÄSE*

Er hat die längste Reifezeit – *Parmesan* bis zu zwei Jahren, *Emmentaler* immerhin zumindest drei Monate. Deshalb hat Hartkäse auch den geringsten Wassergehalt! Ist der Käse vollreif, muß er gebrochen oder gerieben werden (wie etwa der italienische *Grana)*. Ist er jüngeren Datums, kann er gerade noch geschnitten werden. Zum Beispiel: *Bergkäse*, *Chesterkäse*, *Cheddar*, *Emmentaler*, *Gruyère (=Greyerzer Käse)*, *Parmesan*, *Sbrinz* und der englische *Stilton*.

3. NACH FETTGEHALT UND TROCKENMASSE

Käsesorten müssen auch „amtlich" unterschieden werden können – schließlich leben wir ja in Österreich!

Ob eine Sorte nun als Hart- oder Weichkäse bezeichnet werden kann, hängt vom Anteil der Trockenmasse ab. (Wie bereits zu Beginn dieses Kapitels definiert, ist Trockenmasse jene Substanz, die übrigbleibt, wenn dem Käse das Wasser entzogen wird)

Wieviel Prozent Trockenmasse muß ein Käse also haben?

Weichkäse: 40%–50%
Halbfester Schnittkäse: 44%–55%
Schnittkäse: 49%–55%
Hartkäse: mindestens 60%

Achtung: Nicht zu verwechseln sind diese Angaben mit jenen über den *Fettanteil* in der Trockenmasse"!
Wieviel Prozent Trockenmasse ein Käse insgesamt hat, steht nämlich NICHT auf der Packung. Was dafür immer vermerkt ist, sind die Fettprozentsätze, die sich aber nicht auf den gesamten Käse, sondern nur auf jene Substanz beziehen, die übrigbleibt, wenn dem Käse das Wasser entzogen wurde.

Um der Ordnung in jeder Hinsicht Genüge zu tun, sieht die österreichische Milchqualitäts-Verordnung eine Unterscheidung nach *sechs Fettgehaltsstufen vor.*

1. *Überfettstufe (Rahmkäse) – mindestens 55% F.i.T.*
2. *Vollfettstufe* – mindestens 45% F.i.T.
3. *Dreiviertelfettstufe* – mindestens 35% F.i.T.
4. *Halbfettstufe* – mindestens 25% F.i.T.
5. *Viertelfettstufe* – mindestens 15% F.i.T.
6. *Magerstufe* – mindestens 4% F.i.T.

Käsesorten

Käse ist ein „lebendiges" Lebensmittel – und von erstaunlicher Vielfalt. Die folgende Aufzählung ist bei weitem nicht vollständig! Hier sollen nur die gängigsten und in Österreich beliebtesten Käsesorten kurz vorgestellt und besprochen werden – von „A" wie „Appenzeller" bis „Z" wie Ziegenkäse. Damit Sie spätestens beim Ausprobieren der vielen Rezepte auch wissen, mit welcher der aromatischen Köstlichkeiten Sie zu tun haben und worauf Sie beim Einkauf achten sollten.

APPENZELLER

Schnittkäse mit gelber Fabe, fester Rinde und gelbbrauner Schmiere. Wird im Schweizer Kanton Appenzell hergestellt. Charakteristisch: seine kirschkerngroßen Gärlöcher und sein vollmundiger (weil vollfetter), aromatischer Geschmack.

BERGKÄSE

Hartkäse, wenige und nur kleine Löcher, vollfett, mit hellgelber Farbe. Wird in Tirol und Vorarlberg erzeugt. Kräftiger, würziger Geschmack!

BIERKÄSE

Kalorienarmer Schnittkäse mit nur nur 15% F.i.T., der *(nomen est omen)* gerne zu Bier und Rettich gereicht wird. Er hat einen herzhaften, aromatischen Geschmack.

In Süddeutschland wird der sogenannte *Weißlacker* erzeugt: ein halbfester, deftiger Schnittkäse nach Limburger Art. An seiner Oberfläche befindet sich eine weißgelbe, dünnflüssige Schmiere, die optisch an Lack erinnert – daher auch der Name. Die Reifung erfolgt langsam und in kühlem Klima, weil die Sorte sehr stark gesalzen wird. Dieser Bierkäse wird in der für ihn typischen Würfelform angeboten; der Teig hat nur wenige Bruchlöcher, der Geschmack ist ausgeprägt und stark, ebenso der Geruch. *Weißlacker* gibt es in drei Fettstufen zwischen 40 und 50% F.i.T.

BLAUSCHIMMELKÄSE

Halbfester Schnittkäse aus Kuhmilch, mit blauem Edelschimmel durchzogen, von unverwechselbarem, ausgeprägtem, manchmal ein wenig bitter erscheinendem Geschmack, in der Konsistenz etwas krümelig und dennoch geschmeidig. Ein Vertreter ist z.B. der französische *Bleu de Bresse,* also der „Blaue aus Bresse", so benannt nach der Landschaft am Rande des Jura.

Ein besonders edler Blauschimmelkäse aus England ist der *Stilton,* der seinen Namen einem kleinen Dorf auf der Strecke London–York verdankt. Er wird aus pasteurisierter, vollfetter Kuhmilch hergestellt, charakteristisch ist seine feste, runzelige Rinde. Innen wie außen durchgehend blaugrün durchzogen, hat dieser Käse zumindest 48% F.i.T. und muß bis zu sechs Monaten reifen, bevor er in den Handel kommt. Der Geschmack dieses samtig-lockeren Käses ist pikant-würzig; dazu paßt am besten ein Glas Portwein.

In Österreich wird übrigens auch vom Grünschimmelkäse gesprochen! Bei uns gehören zur Familie der Blau- und Grünschimmelkäse jedenfalls auch jene Sorten, die aus einer Mischung von Kuh- und

Schafmilch oder auch nur aus Schafmilch hergestellt werden. Drei Fettstufen von 45 bis 65% F.i.T. werden angeboten.

BRIE

Ein Weichkäse aus Kuhmilch, mit hohem Fettgehalt von zumindest 45% F.i.T., weißem Oberflächen-Edelschimmel, im Stadium der Vollreife sogar mit schwach rötlicher Schmiere an den Rändern. Wer kennt ihn nicht? Wird in Form von sogenannten „Brie-Torten" angeboten. Weiche, cremefarbene Konsistenz mit mildem Geschmack.

BUTTERKÄSE

Halbfester Schnittkäse aus frischer Kuhmilch, der bei hoher Luftfeuchtigkeit und niedriger Temperatur langsam reifen muß. Glatter, gelber Käseteig, sehr elastische, gelbbraun-rötliche Haut. Milder Geschmack – Kinder lieben ihn besonders!

CAMEMBERT

Ein Weichkäse und echter Klassiker, den jeder kennt! Wurde früher ausschließlich aus *lait crû*, roher Kuhmilch, gemacht, heute wird aber auch pasteurisierte Milch verwendet. Ein klassisches Käseprodukt aus Frankreich, das aber auch in Österreich (hier ausschließlich aus pasteurisierter Milch) hergestellt wird. Bei uns wird Camembert in 3 Fettstufen angeboten: mit 45, 55 und 65% F.i.T. Außerdem schätzen die Österreicher auch den noch unreifen, also grünen, Camembert mit dem unverkennbaren Pilzgeruch und dem cremefarbenen, weichen Teig – in dieser Form ist der Camembert allerdings geschmacksneutraler als das vollreife Produkt!

CHABICHOU DU POITOU

Klassischer Ziegenkäse aus dem Westen Frankreichs, der angeblich bis auf die Mauren zurückgeht. Verkauft wird diese würzige Delikatesse in kleinen Zylindern von 150 Gramm Gewicht.

CHAOURCE

Weichkäse aus der Champagne und dem nördlichen Burgund, erzeugt aus Kuhmilch und optisch unverwechselbar: Er wird in Form kleiner Zylinder hergestellt! Ebenso außergewöhnlich ist sein Geschmack: Er schmeckt in jedem Reifestadium. Zuerst als cremiger Frischkäse (noch ohne Schimmel), dann mit feinem Weißschimmel und etwas gelblicherem, festerem Teig. Der Geschmack (probieren geht über studieren!) ist feinsäuerlich und von einem speziell ausgeprägten Aroma.

CHEDDAR

Hartkäse, benannt nach der Cheddarschlucht in der englischen Grafschaft Somerset. Hat mindestens 48% F.i.T. und wird aus vollfetter, pasteurisierter Kuhmilch in großen Blöcken hergestellt. Das dabei zur Anwendung kommende spezifische Herstellungsverfahren nennt man *cheddaring*. Dabei wird der Käsebruch in sogenannten Bruchkuchen geschichtet, um nachzusäuern. Auf einigen englischen Bauernöfen wird der Cheddar, der ein bis zwei Jahre lagern muß, um seinen charakteristischen Geschmack zu erreichen, auch noch aus unpasteurisierter Milch erzeugt. Angeboten wird er sowohl ohne Rinde als auch mit einer Schutzschichte aus Wachs und Öl. Charakteristisch auch die kleinen, markanten Schlitze in seinem Inneren, die durch das Schichten des Käsebruchs entstehen. Obwohl seine natürliche, weißliche Farbe durchaus attraktiv wäre, wird er traditionell gelborange eingefärbt. In seinem Geschmack ist dieser populäre Hartkäse nußartig und kräftig.

CHESTER

Hartkäse aus England, gewissermaßen ein Verwandter des Cheddar, der in seiner Heimat als *Cheshire* bekannt ist. Er muß mindestens 48% F.i.T. haben und wird meist in Blöcken oder Zylindern erzeugt. Eine Variation von kräftigem Geschmack ist der Chester mit Blauschimmel: Sonst schmeckt der Chester eher cremig-mild und fein.

COULOMMIERS

Beliebter französischer Brie aus der Ile-de-France, der in etwa 500 Gramm schweren Talern in den Handel gelangt; charakteristisch für den Coulommiers ist die rötlich-weiße Rinde.

COTTAGE CHEESE

Frischkäse aus – Amerika! Er gehört zur Gruppe jener Käse, die wie auch der Topfen keine Reifung brauchen. Bekannt und beliebt ist er durch seinen frischen Geschmack, die charakteristische körnige Struktur (entsteht beim Erwärmen der gerührten Magermilch – dabei zieht sich das Eiweiß zusammen und bildet die bekannten reisgroßen Klümpchen) und den nussigen Biß. Je nach Zubereitung wird Cottage Cheese mit einem F.i.T.-Gehalt von 10% oder 20% angeboten.

DANABLU

Halbfetter Schnittkäse aus Dänemark, erzeugt aus frischer Kuhmilch und mit blauem Innenschimmel versehen. Charakteristisch ist die Streichfähigkeit dieses Schnittkäses, was möglich ist, weil die Käsemasse nicht gepreßt wird. 50% F.i.T. sowie der ausgeprägte, pikante Geschmack (und Geruch!) machen den Danablu unverwechselbar.

DANBO

Bei uns wenig bekannter Schnittkäse aus Dänemark. Er wird mit 20, 30 und 45% F.i.T. angeboten. Wenige, kirschkerngroße Löcher, hellgelber Teig, goldgelbe Rinde und vollmilder Geschmack sind die Charakteristika dieses köstlichen Käses, der übrigens früher unter dem Namen *Steppeost* bekannt war, was soviel wie „Steppenkäse“ bedeutet.

EDAMER

Schnittkäse aus Holland, gefertigt aus pasteurisierter Kuhmilch, der mittlerweile auch in anderen Ländern hergestellt wird, u.a. auch in Österreich. Die Reifezeit beträgt zwei bis vier Monate, er wird relativ „jung“ genossen. Fettgehalt zwischen 40 und 45% F.i.T., charakteristisch sein Aussehen: meist runde Form, aber auch als Block, umgeben von einer Wachshülle (Paraffin) in Rot oder Gelb. Geschmack und Konsistenz: goldgelber, schnittfester Teig mit wenigen kirschkerngroßen Löchern; schmeckt mild und ganz leicht säuerlich; allerdings etwas herb, wenn er vollreif ist.

EMMENTALER

Der weltberühmte Hartkäse mit den großen Löchern im Teig. Seine Heimat ist die Schweiz – deshalb ist von ihm meist nur als dem „Schweizer Käse“ die Rede. Erzeugt wird er aus unpasteurisierter, frischer Kuhmilch, wobei für die Kühe besondere Auflagen gelten. Der Fettgehalt muß mindestens 45% F.i.T. betragen, der Teig ist gelblich und fest, aber dennoch elastisch. Die Rinde muß trocken und sauber sein. Zum Verkauf gelangen die herrlichen Käselaibe (mit dem roten „Switzerland"-Stempel als Schweizer Originalprodukte gekennzeichnet) nach mindestens drei, meist aber erst nach sechs Monaten Lagerung. Der Geschmack ist wohl jedem bekannt: mild, pikant und leicht nußartig, von Kindern eigenartigerweise manchmal als etwas bitter empfunden.

ESROM

Halbfester Schnittkäse aus Dänemark. Bekannt in seiner flachen, rechteckigen Form mit fettiger, rotbrauner Rinde. Erzeugt wird er aus pasteurisierter Kuhmilch mit einem Fettgehalt von mindestens 45% F.i.T. Lagerung: vier bis fünf Wochen. Geschmack: leicht säuerlich, pikant und dennoch mild. Eine recht beliebte Variation ist auch der Esrom mit Kümmel.

FRISCHKÄSE

Topfen, Cottage Cheese und verschiedenste streichfähige Frischkäse, in acht verschiedenen Fettstufen zu haben. Ihnen allen gemeinsam ist die Tatsache, daß sie keine Reifung brauchen! Im Handel zu haben als Gervaismischungen mit Kräutern und Gewürzen, aber auch als Desserts mit Früchten und Marmelade. Diese Zusätze müssen immer auf der Packung angegeben sein!

GEHEIMRATSKÄSE

Schnittkäse mit zumindest 45% F.i.T – ein Verwandter des Edamer, sowohl im Aussehen (Kugelform, rote Wachsrinde, goldgelber Teig) als auch in Geruch und Geschmack: mild, rein und ganz leicht säuerlich.

GERVAIS

Ungesalzener Frischkäse, der durch das Dicklegen von Vollmilch entsteht. Bildet die Grundlage für die diversen Gervais-Aufstriche mit Gewürzen und Kräutern.

GORGONZOLA

Halbfester Schnittkäse mit Blauschimmel aus Italien. Ähnlich bekannt und beliebt wie der Emmentaler, benannt nach einer Stadt in der Lombardei. Unverkennbar bereits von außen: Er wird in großen, zylindrischen, flachen 12 kg-Laiben mit einem F.i.T.-Gehalt von mindestens 48% erzeugt. Die Reifezeit liegt bei zirka zwei Monaten, der Käse kann aber weitere 20 Tage kühl gelagert werden. Die blaugrünen Schimmeleinschlüsse entstehen folgendermaßen: Während der Reifung werden immer wieder Nadeln in den Käselaib gestochen, wodurch kleine Kanäle entstehen, die wiederum Luft eindringen lassen – und den Blauschimmelpilz! Die Löcher in der ansonsten kompakten Rinde bleiben bis zum Schluß erhalten. Gorgonzola hat fast streichfähige, weiche Konsistenz und einen pikant-würzigen Geschmack.
In Österreich ist der *Österzola* mit dem Gorgonzola in Aussehen, Farbe und Geschmack vergleichbar.

GRANA PADANO

Italienischer Hartkäse aus der Po-Ebene, halbfett, gekocht mit einer dunklen paraffinierten oder natürlichen goldgelben Rinde. Die Lagerzeit des

Grana beträgt ein bis zwei Jahre. Beliebt als Reibekäse, aber auch als milder Tafelkäse; charakteristisch der kräftige Duft.

GOUDA

Schnittkäse aus Holland (benannt nach der gleichnamigen Stadt), den man fast überall bekommt und den auch praktisch jeder kennt. Hergestellt wird der preisgünstige und beliebte Käse aus Kuhmilch (Fettstufen 30 bis 50% F.i.T.) mittlerweile in vielen Ländern der Erde, so auch in Österreich.
Signifikant sind die regelmäßig verteilten, kleinen Löcher, die hellgelbe Farbe und die Schnittfestigkeit. In der Erzeugung ähnlich dem Edamer; allerdings wird die Milch kürzer vorgereift und etwas mehr erwärmt. Außerdem wird dann der Käse stärker gepreßt. Am besten, Sie vergleichen ein Stück Edamer mit einem Stück Gouda „live", dann sehen Sie den Unterschied am besten!
Zur Auswahl stehen:

* junger Gouda, ein bis zwei Monate alt. Geschmack: rahmig mild und leicht süß;
* mittelalter Gouda, zwei bis sechs Monate alt und kräftig im Geschmack;
* alter Gouda, der älter als sechs Monate ist – im Idealfall etwa zehn Monate – und sowohl pikant als auch nußartig im Geschmack ist.

GRAUKÄSE

Sauermilchkäse mit graugrünem Schimmel, der ursprünglich aus Tirol stammt, wo er bereits seit Jahrhunderten seine Tradition hat. Er wird zusätzlich mit Labtopfen zubereitet und mit einem Anteil an Rotschmiere versehen. Ein Käse für Kenner – mit ausgeprägt würzigem Geschmack und unverkennbarem Geruch; das feinsäuerliche Aroma stammt vom hohen Anteil an saurer Molke. Diesen – kalorienarmen – Käse serviert man am besten mit Essig, Öl und Zwiebeln, begleitet von frischem Schwarzbrot.

GREYERZER KÄSE

Hartkäse aus der Schweiz, auch unter dem Namen *Gruyère* bekannt, der sich auf die gleichnamige Stadt im Kanton Freiburg bezieht. Aber auch Frankreich versteht sich bereits seit Jahrhunderten auf die Gruyère-Herstellung! Dort wird dieser runde, in bis zu 50 kg schweren Laiben aus Rohmilch hergestellte Käse *Gruyère de Comté* oder einfach nur *Comté* genannt. Er muß bei niedriger Temperatur langsam reifen: So bekommt er seine zartgelbe Farbe und wirkt gleichzeitig etwas fetter (bei 45% F.i.T.) und feiner als z.B. der Emmentaler. Außerdem hat er nur wenige kirschkerngroße Löcher. Der Greyerzer Käse besticht durch seinen pikanten und abgerundeten Geschmack.

HAVARTI

Halbfester Schnittkäse aus Dänemark. Wird in Brotform hergestellt, ist dem Tilsiter ähnlich (hellgelber Teig, kleine Löcher) und hat eine rotgelbe Oberflächenschmiere. Diese wird durch einen Wachs- bzw. Paraffinmantel geschützt. Die Reifezeit liegt bei rund zwei Monaten. Havarti bekommt man mit einem Fettgehalt von 45% oder 60% F.i.T. Der Geschmack: pikant und ganz leicht säuerlich.

HOBELKÄSE

Schweizer Hartkäse aus roher Kuhmilch und mit jahrhundertealter Tradition, der auch unter dem Namen *Sbrinz* bekannt ist. Hobelkäse wird er genannt, weil er mittels Käsehobel in hauchdünnen

Spänen vom Laib gehobelt wird. Die riesigen, bis zu 45 kg schweren Laibe müssen bis zu zwei Jahre reifen, ehe sie in den Verkauf gelangen. Die Herstellung verläuft ähnlich wie beim Emmentaler, auch der Fettgehalt liegt bei 45%. Der Geschmack des Käse-Veteranen mit den Mini-Löchern und dem gelben Teig: herzhaft-pikant!

ITALICO

Dieser fette Weichkäse aus der Lombardei ist nicht nur Italien-Fans ein Begriff. Ähnlich dem berühmten *Bel paese*, einem Butterkäse, besticht er durch einen sehr milden, butterigen Geschmack. Er wird aus pasteurisierter Kuhmilch erzeugt und kommt mit einem Gewicht von über zwei Kilogramm sowie einem beachtlichen Fettgehalt von 50% F.i.T. in den Handel. Die Rinde des Italico, der zwischen 20 und 40 Tage reift, ist sehr dünn und glatt.

KOCHKÄSE:

Typisch österreichischer Sauermilchkäse aus dem Mühlviertel, der Hausruckgegend, dem Ennstal, dem Mur- und Drautal. Gewonnen wird Kochkäse aus gereiftem Sauermilchtopfen, der durch Erhitzen geschmolzen („gekocht“) und dann mit Butter oder Butterschmalz verfeinert wird. Die Perfektion erhält dieser bodenständige Käse durch den Zusatz von Gewürzen.

LIMBURGER

Weichkäse, benannt nach der belgischen Grafschaft Limburg. Zubereitet wird der seit Jahrhunderten beliebte Käse aus pasteurisierter Kuhmilch; charakteristisch seine Stangenform, weshalb er auch als „Backsteinkäse“ oder „Stangenkäse“ bekannt ist. Während der Reifung (in etwa vier Wochen) wird der Käse bis zu achtmal geschmiert, was die Entwicklung der Rotschimmelkulturen fördert. Denn die feuchte, rötlich-orange Schmiere ist verantwortlich für den unverwechselbaren, starken Duft! Limburger schmeckt entsprechend kräftig, die Farbe ist hellgelb, der Teig hat einige Bruchlöcher.

LIVAROT

Berühmter französischer Weichkäse mit Rotschimmel aus dem Gebiet rund um die Stadt Lisieux, das zugleich die Heimat des Calvados ist. Wird in kleinen flachen Törtchen verkauft, die an der Seite die charakteristischen Einkerbungen von Binsenstreifen zeigen, die den Käse während der Reifung umschließen. Der Teig des Livarot ist gelb elastisch, der Geschmack angenehm würzig.

MASCARPONE

Italienischer Frischkäse von cremiger Konsistenz. Wird aus Rahm hergestellt und in der Küche oftmals anstelle von Obers (Sahne) verwendet.

MONDSEER

Halbfester Schnittkäse aus dem österreichischen Salzkammergut. Mit 45% F.i.T. ein gehaltvoller, aromatischer Käse! Er muß einige Wochen reifen und bekommt dann eine charakteristische, rotbraune Rinde.

MOZZARELLA

Italienischer Frischkäse aus der Milch von Büffelkühen Kampaniens und Latiums– mittlerweile wohl jedem Pizza- und Italien-Fan ein Begriff!

Unverwechselbar sind Farbe, Form und Geruch: Dieser Käse wird in tomatengroßen, elastischen Bällchen, die in Salzlake schwimmen, angeboten. Entstehung: Der frische Käsebruch wird mit kochendheißem Wasser behandelt – das Eiweiß wird plastisch, weil es sich zusammenballt, und kann so zu einem dicken Strang *(pasta filata)* geformt werden, der dann weiterverarbeitet wird. Mozzarella hat einen Mindestfettgehalt von 44% F.i.T., keine Rinde und schmeckt nicht nur geschmolzen auf Pizza und Baguettes, sondern auch pur: zum Beispiel in Scheiben geschnitten zu Paradeisern mit Olivenöl und Basilikum.

MÜNSTERKÄSE

Hat nichts mit den „munsters", also den Monstern aus der TV-Serie zu tun! Der Name bezieht sich auf das französische Munstertal im Elsaß. Diesen Käse genossen die Franzosen schon im Mittelalter! Die Herstellung erfolgt sowohl „original" (also aus roher Kuhmilch) als auch mit pasteurisierter Milch. Charakteristisch ist die kräftig-orange Rinde mit hellgelben Nuancen. Die Reifezeit beträgt etwa vier bis fünf Wochen, der Fettgehalt liegt bei rund 40% F.i.T. Zum Verkauf gelangt Münsterkäse in kleinen, runden Laiben von etwa 16 cm Durchmesser. Der Teig ist gelb und weich, der Geschmack aromatisch-pikant.

PARMESAN

Wer kennt ihn nicht? Allerdings bietet der Hartkäse aus Italien weit mehr als nur die Möglichkeit, über Spaghetti und andere köstliche Teigwaren gerieben zu werden. Viele Restaurants bieten heute auf ihrer Käseplatte auch ein Stückchen Parmesan oder *Grana* im Ganzen an!

Original italienischer Parmesan mit Ursprungsgarantie darf tatsächlich nur in wenigen Provinzen wie in der Emilia hergestellt werden. Er wird nur zwischen April und November aus ausgewählter Rohmilch produziert; die Milchkühe dürfen z.B. nicht mit Futter aus Silos gefüttert werden!
Der Käsebruch wird langsam und andauernd gepreßt, gesalzen und in mehreren Phasen gereift. Guter Parmesan kann über vier Jahre gelagert werden; und unter zwei Jahren Lagerzeit kommt dieser Käse erst gar nicht in den Verkauf. Der Aufwand lohnt sich, denn Parmesan ist ein weltweit bekanntes, einmaliges Produkt! Der offizielle Name „Parmigiano-Reggiano" ist geschützt. Echter Parmigiano wird in zylindrischer Form bis zu 35 kg und mit einem Fettgehalt von mindestens 32% F.i.T. hergestellt. Genießer schwören auf das Original mit der gelben Rinde, dem harten, brüchigen Teig und dem unverwechselbaren, würzig-edlen Geschmack!

PROVOLONE

Italienischer Hartkäse, der wie Schinken aufgehängt wird und zwischen drei und zehn Monaten reifen muß. Der Fettgehalt beträgt mindestens 44%F i.T. Innen hellgelb und fast ohne Löcher, hat dieser Käse – abhängig jeweils von seinem Reifegrad sowie dem Zusatz von Kälber- oder Ziegenlab – einen süßlich-milden oder sehr kräftigen, fast schon scharfen Geschmack.

QUARGEL

Man hört den Namen und denkt an den Geruch! Um einen solchen zu erhalten, muß dieser magere Sauermilchkäse (mit jahrhundertelanger Tradition) mit Rot- oder Gelbschmierekulturen reifen. Seine Heimat ist Olmütz *(Olomouc)* in Tschechien, daher auch die geläufige Bezeichnung

„Olmützer Quargel". Der durchgereifte, speckige Käse wird gerne mit Kümmel vermischt und mit Paprika bestreut angeboten.

RACLETTE

„Einladung zum Raclette" – das bedeutet vielerlei Genüsse, immer mit herrlichem geschmolzenem Käse abgerundet. *Raclette* ist ein Begriff aus dem Französischen und bedeutet eigentlich „Schabeisen" oder „Spatel".
Raclette ist ein fetter und weicher Schnittkäse (zirka 50% F.i.T.) aus reiner Vollmilch mit charakteristischer gelbbrauner Rinde. Eine Spezialität aus den Walliser Alpen, wo schon vor langer Zeit die Bauern vom halbierten Käselaib in der Nähe der heißen, offenen Herdglut mittels breitem Messer den Käse direkt auf den Teller schabten. Damals wie heute gilt: Je älter der Raclette, desto gleichmäßiger schmilzt er! Dazu muß man ihn bis zu drei Monate reifen lassen. Zu Raclette schmecken sauer eingelegtes Gemüse und Salzkartoffeln.

RÄSSKÄSE

Schnittkäse aus Vorarlberg mit 35 oder 45% F.i.T., besonders geeignet als Jausenkäse oder für die Zubereitung der herrlichen *Käsknöpfle.* Der Name kommt vom *räßen*, also „schmieren": Der aromatische Geschmack entsteht durch intensives Schmieren und vier Monate Reifung der Laibe.

RÄUCHERKÄSE

Alle Schnitt- und Hartkäse, die nach dem Herstellen oder nach dem Reifeprozeß zusätzlich geräuchert werden. Dadurch sind sie länger haltbar und bekommen ein herrliches Räucheraroma.

REBLOCHON

Flacher, in runden Scheiben verkaufter Schnittkäse aus den Bergen Savoyens. Charakteristisch ist die gelb-orangenfarbene, mit Weißschimmel überzogene Rinde. Der Reblochon wird leicht gepreßt und wiederholt gewaschen; sein Teig ist gleichmäßig cremig und schmeckt leicht nach Haselnuß.

RICOTTA

Frischkäse aus Italien, der aus Kuh- oder Schafmilchmolke mittels Erhitzen gewonnen wird. Er entsteht also quasi als Nebenprodukt bei der Erzeugung von Schnitt- und Hartkäse! Je nach Sorte liegt der Fettgehalt zwischen 20 und 77% F.i.T. Der Geschmack ist mild und fast ein wenig süßlich.

ROMADUR

Weichkäse, der ursprünglich aus Belgien stammt. Er wird ähnlich wie der Limburger Käse gewonnen; allerdings ist er milder in Geruch und Geschmack. Der Teig ist etwas weicher, die Reifezeit kürzer (nämlich nur zwei Wochen), und der fertige Romadur kommt in kleinen Stangen zwischen 100 und 200 g auf den Markt.

ROQUEFORT

Halbfester Schnittkäse aus Frankreich, weltberühmt wegen seines Geschmacks, seines Aussehens und des Reifeprozesses! Original-Roquefort wird in verschiedenen französischen Orten aus roher Schafmilch gewonnen und sofort mit Roquefort-Schimmel behandelt. Dann aber reift er nur in einem kleinen Ort im Departement Aveyron – in den Felshöhlen von Roquefort mit idealem feuchtem Klima. Dies dauert bis zu zehn Monaten, die blaugrünen Innenschimmel entstehen allerdings bereits nach etwa vier Monaten. Zum Verkauf gelangt die exquisite Delikatesse in 3 kg-Zylindern, in Folie verpackt. Der Fettgehalt liegt bei etwa 50 bis 60% F.i.T.Der Geschmack: einzigartig aromatisch und pikant. Der Teig: weißlich mit blaugrünen Blauschimmel-Adern durchzogen.

ROTSCHMIEREKÄSE

Halbfester Schnittkäse oder Sauermilchkäse, bei dem Rotschimmelkulturen entweder bereits in die Milch oder später mit Salzwasser in die Oberfläche gerieben werden.
Letzteren Vorgang nennt man auch „schmieren" – so entsteht auf der Oberfläche jene rötlich-gelbe „Schmiere", die dem Käse den Namen gibt. Der Geschmack: meist würzig-pikant.

SAINT-NECTAIRE

Legendärer französischer halbfester Rohmilchkäse in Tortenform, der auf Roggenstroh in feuchten Kellern altert und dadurch seine bekannt bunte Rinde erhält. Der Überlieferung nach war der Saint-Nectaire einer der Lieblingskäse von König Ludwig XIV. Er wird in der Erzeugung zweimal gepreßt; sein Teig zeichnet sich durch feine Pilz- und Nußaromen aus.

SAINT-PAULIN

Halbfester Schnittkäse aus Frankreich, gewonnen aus Kuhmilch und mit dem *Port-du-Salut* vergleichbar. Seit etwa 25 Jahren wird Saint-Paulin auch in Österreich erzeugt. Bei uns reift er etwa sechs Wochen und bringt es auf einen Gehalt von bis zu 65% F.i.T. Das französische Original hat eine etwas kürzere Reifezeit und weniger Fettgehalt, nämlich nur 40 bis 50%F.i.T. Der Teig des Saint-Paulins ist goldgelb und weich, dennoch schnittfest. Der Geschmack: aromatisch und ganz leicht säuerlich.

SCHIMMELKÄSE

Alle Käse, deren Herstellung mit der Reifung von Schimmelpilzkulturen verbunden ist.

SCHLOSSKÄSE

Traditioneller österreichischer Käse mit 35 bis 55% F.i.T., der gut gereift sein muß, um dann sein intensives Aroma entfalten zu können. Bereits Kaiser Franz Joseph hat ihn gerne gegessen! Am bekanntesten ist der *Achleitner Schloßkäse.*

SCHMELZKÄSE

Das Geheimnis der Produktion heißt „Schmelzsalze". Mit deren Hilfe wird bereits fertiger, zerkleinerter Käse, wie zum Beispiel Chesterkäse, durch heißen Dampf und Druck geschmolzen und dann zu einem elastischen Teig verarbeitet. Für die Schmelzkäsegewinnung können natürlich auch mehrere Käsesorten vermischt werden, und nicht zuletzt kann auch Frischkäse die Basis für die Herstellung bilden.
Großer Vorteil: Einmal ausgekühlt, reift der Schmelzkäse nicht mehr und ist dadurch monatelang haltbar. Angeboten wird er in verschiedenen Fettgehaltsstufen, sowohl schnittfähig im Block als auch streichfähig im Becher oder in der Folie.
Sogenannte „Schmelzkäse-Zubereitungen" enthalten Zusätze wie zum Beispiel Butter und Rahm, Gewürze und Kräuter.

TALEGGIO

Halbfester Schnittkäse aus der Lombardei und dem Piemont; charakteristisch sind seine Backsteinform und die grünlich-weiße oder rötliche, weiche Rinde sowie der aromatisch-würzige Geschmack.

TILSITER

Tilsiter ist ein allgemein bekannter Schnittkäse, der heute in vielen Ländern der Erde produziert wird. Ursprüngliche Herkunft: Die Stadt Tilsit im ehemaligen Ostpreußen. Die Besonderheit bei der Erzeugung dieses Käses: Beim Schöpfen darf so wenig Molke wie möglich in die Formen kommen, weil der junge Käse nicht gepreßt wird. Nach Salzbad und Trocknung wird diese Sorte mit Salzwasser und Rotschimmel geschmiert, was beim fertigen Käse die typische, gut haftende Rotschmiere ergibt. Die Reifezeit beträgt etwa vier bis fünf Wochen, die Fettstufen gibt es von 25% bis 50% F.i.T. (wobei die fetteren Varianten auch mit Kümmel vermischt angeboten werden).
In den Handel kommt der Tilsiter meist in Folie verpackt. Köstlich der helle Teig mit den typischen kleinen Löchern, manchmal sogar mit kleinen Schlitzen. Duft und Geschmack: ausgeprägt herb bis pikant, ganz leicht säuerlich.

TOMME DE SAVOIE

Klassischer halbfester französischer Schnittkäse, der ursprünglich nur in Savoyen hergestellt wurde. Ausgangsprodukt für die Erzeugung des Tomme ist entrahmte Milch; charakteristisch ist seine graubraune Rinde, die an der Oberfläche auch rötliche Flecken zeigen kann. Der Teig: rötlich-gelb mit kleinen Löchern, der Geschmack: intensiv.
Populär ist eine Schweizer Variation dieses Käses, die als *Tomme* bei uns bekannt und beliebt ist. Verkauft wird dieser sehr feste, gelbfleischige Käse in runden Spanholzschachteln.

TOPFEN

Er ist der Urvater sämtlicher Käsesorten! Die entrahmte und pasteurisierte Milch wird mit Milchsäurebakterien und Lab dickgelegt – damit wird der Säuregeschmack gesteuert. In Zentrifugen wird die Molke von der frischen Käsemasse getrennt. Dem so entstandenen Magertopfen wird je nach gewünschter Fettgehaltsstufe Rahm zugesetzt. Die fertige Mischung wird cremig geschlagen und gekühlt in Becher abgefült.
Sechs Fettgehaltsstufen von 10% bis 50% F.i.T. kommen in den Handel, wobei Magertopfen den größten Anteil an Milcheiweiß hat. Topfen besteht zu einem großen Teil aus Flüssigkeit und hat daher nur einen niedrigen absoluten bzw. tatsächlichen Fettgehalt! Zur Wahl stehen außerdem sowohl streichfähiger als auch gepreßter Topfen – immer mit dem herrlich frischen, fein säuerlichen Geschmack.

VACHERIN MONT D'OR

Weichkäse mit Rotflora aus dem französischen Jura, ausschließlich aus Rohmilch hergestellt. Nur Kühe der Rassen Montbéliarde oder Pie rouge de l'Est dürfen Milch für den Vacherin liefern, der mit Lab zum Gerinnen gebracht und leicht gepreßt wird. Die bis zu drei Kilogramm schweren Laibe reifen auf Fichtenbrettern heran, wobei sie regelmäßig gewendet und mit Salzwasser abgerieben werden. Verkauft wird diese beliebte Käsespezialität in runden Spanholzschachteln aus Fichten- oder Tannenholz. Der Geschmack des elfenbeinfarbenen, cremigen Teigs zeichnet sich durch eine typisch fruchtige Note aus.

WEINKÄSE

Pikanter Weichkäse mit Rotschmiere, der vor allem gerne zu Wein gereicht wird. Seine Erzeugung verläuft ähnlich wie die des Limburger Käses. Allerdings wird er in nur sehr kleinen Laibchen mit jeweils 62,5g Gewicht und etwa 25% F.i.T. hergestellt. Die Reifezeit des Weinkäses beträgt rund zwei Wochen, sein Geschmack ist fein und mild.

WEISSKÄSE

Stark gesalzener Weichkäse aus roher Schaf- oder Ziegenmilch. Ursprünglich nur in Südosteuropa erzeugt (daher auch *Weißkäse nach Balkanart* genannt), gibt es diese Spezialität längst auch aus Österreich – hier allerdings meist als Ergebnis einer Mischung mit reiner Kuhmilch. Die rechteckigen, reinweißen Stücke liegen rund sechs Wochen in Salzlake, bevor sie (reinweiß und schnittfest) in den Handel kommen. Der Fettgehalt liegt zwischen 45 und 59% F.i.T. Der Geschmack: pikant-säuerlich und salzig – für Griechenland-Fans der Inbegriff schöner Urlaubserinnerungen!

ZAMORANO

Bekannter spanischer Hartkäse aus Schafmilch aus der Region Kastilien-León, ähnlich dem *Castellano.* Für die Erzeugung wird Rohmilch *(lecha cruda)* der Churra-Rasse verwendet; die Reifezeit des Zamorano, den Genießer seines markanten Geschmacks wegen schätzen, beträgt drei bis zwölf Monate. Ein klassischer spanischer Schafkäse ist auch der *Manchego* aus der Ebene von La Mancha.

ZIEGENKÄSE

Traditionelles französisches und spanisches Produkt; mittlerweile gibt es auch in Österreich Ziegenkäseerzeugung.
Je nach Zubereitung wird Ziegenkäse als Frischkäse in Form von Ziegenmilchtopfen angeboten, oder er kann zwischen einer Woche und mehreren Wochen reifen und wird so zum länger haltbaren Weichkäse. Üblich ist ein Gehalt von rund 48% F.i.T., im ausgereiften Stadium kann ein Fettgehalt von bis zu 60% erreicht werden.
Je nach Sorte werden Kräuter, Gewürze oder Olivenöl zugesetzt. Es gibt Sorten mit Oberflächenschimmel, solche mit einem Mantel aus Kräutern oder auch Ziegenkäse mit trockener Rinde. Die Formen sind äußerst variantenreich. Klassischer französischer Ziegenkäse *(Fromage de chèvre)* wird in der traditionellen Zylinder- oder Pyramidenform angeboten. Tatsache ist, daß sich Ziegenkäse in den letzten Jahren steigender Beliebtheit erfreut, auch wenn der „Ziegengeschmack“ nicht jedermanns Sache ist. Deshalb sind auch Käse-Mischungen aus Ziegen- und Kuhmilch beliebt, wie etwa der französische *Valençay.* Weitere bekannte Ziegenkäse aus Frankreich sind der *Montrachet,* ein sehr milder, cremiger Käse aus Burgund, und der *Cabécou,* ein Köstlichkeit aus dem Périgord.
Hervorragender spanischer Ziegenkäse stammt von den Balearen und Kanaren, so etwa der *Majorero,* der sich durch einen angenehmen, leicht nussigen Geschmack auszeichnet. Große Mengen von Ziegenkäse werden von den Spaniern selbst konsumiert; besonders populär ist er als Frischkäse in Andalusien. Besondere Delikatessen sind der *Garrotxa,* ein katalonischer Ziegenkäse mit grauer Schimmelschicht und nussigem Geschmack, sowie der *Ibores,* ein sehr aromatischer Ziegenkäse aus der Extremadura mit orangenfarbener Rinde.

DOLCE BIANCA

Frühling

Die richtige Mischung für
den großen Hunger nach langen
Frühlingsspaziergängen:
Käse aus Österreich.

Kulinarisches und Biographisches

FRÜHLINGSSPAZIERGANG IN GUMPOLDSKIRCHEN

Wer schwelgt nicht in wehmütigen Erinnerungen, wenn er durch die Gassen seiner Kindheit geht? Bei Streifzügen über versteckte kleine Wege, zwischen Weingärten und Heurigen, mit Blick auf die Kirche und den idyllischen kleinen Teich davor; in der Nase den Duft von ersten Frühlingsblumen, den Blick in die Ferne gerichtet, bis hin nach Baden ... Gumpoldskirchen ist zu jeder Jahreszeit schön! Aber so wunderbar wehmütig ums Herz wird einem halt doch im Frühjahr, wenn die Luft lauer wird und die ersten Arbeiten an den Rebstöcken verraten, daß der Winter endgültig vorbei ist.

Inmitten dieser friedlichen, sanft hügeligen Landschaft mit dem milden Klima der Thermenlinie bin ich geboren und aufgewachsen. Zentral gelegen unser Haus, mitten im Ort, in der Wienerstraße 167. Eine glückliche, schöne Kindheit war das, beschützt und behütet, mit allem, was ein Kinderleben so aufregend und zugleich unvergeßlich macht.

Als 10jähriger Bub bin ich zu den „Gumpoldskirchner Spatzen" gekommen, einer Art Mini-Ausgabe der Sängerknaben, und durfte dort vier Jahre lang als Sopran-Solist nach Herzenslust singen. Sogar zwei Deutschland-Tourneen hab' ich mitgemacht – das wäre selbst für Kinder der heutigen Zeit eine aufregende Sache. Damals jedenfalls, in den fünfziger Jahren, war's eine Sensation!

Der Gipfel meiner Sängerlaufbahn war aber dann 1958, als ich mit meinen noch nicht einmal 14 Jahren 4 Monate lang auf Amerika-Tournee mitgenommen wurde. Zusammen mit den Deutschmeistern und den Leuten von der Volksoper – das war vielleicht etwas! Nicht nur für mich persönlich, sondern auch zu Hause, wo aber für meine Ambitionen immer viel Verständnis aufgebracht wurde. Und in der Schule – es handelt sich schließlich um keine Kleinigkeit, wenn ein Bursche mitten im Schuljahr von Jänner bis April einfach nicht anwesend ist! Noch dazu sollte ich im Juni meinen Hauptschulabschluß machen. Was mir übrigens trotz meiner aufregenden Nebenbeschäftigung gelungen ist.

Dennoch: Amerika – das war eine tolle Zeit. Alle haben mich verwöhnt. „So ein lieber blonder Bub, und singen kann er auch!" Also hatte ich daraufhin meine eigenen Zukunftsvisionen: Ich wollte Schauspieler werden, ein klarer Fall! Dann könnte ich doch immer ein so angenehmes und aufregendes Leben führen – dachte ich jedenfalls.

Na, das war ein Theater daheim. „Jössasna, der Bub will Schauspieler werden, so was Verrücktes! Das ist doch gar kein richtiger Beruf!" Die Quintessenz der ganzen Aufregung war vorhersehbar. „Lern einmal was G'scheites, dann kannst du dir's ja noch immer überlegen." So hatte ich das Schicksal aller Kinder, die derartige Flausen im Kopf haben, und lernte etwas „Richtiges".

Irgendwann kam ohnedies der unvermeidliche Stimmbruch, und mit dem Sopran-Singen war's ab diesem Zeitpunkt vorbei. „Was willst du denn jetzt

werden?" wurde ich immer wieder gefragt. Und weil mir nichts Adäquates eingefallen ist, aber alle etwas Ordentliches hören wollten, hab' ich halt geantwortet: „Ich werd' Verkäufer!"
Daß es ganz anders gekommen ist, daran sind nicht zuletzt meine guten Tanten schuld. Eine von ihnen, Tante Paula, ist mit mir nach Wien gefahren, und die Ochsentour mit dem Vorstellen und Anfragen nach einer Lehrstelle begann. Überall, ob beim Meinl oder beim Artacker, hieß es: „Den Lehrplatz kann er sich schon jetzt sichern, der Bub, aber es sind mindestens 4 Monate Wartezeit bis zum Arbeitsbeginn!" Das freute weder mich noch die Tante besonders, und in dieser Stimmung fuhren wir zum Mittagessen in ein Wirtshaus in der Gentzgasse, das – erraten! – einer anderen Tante gehörte. Gegessen hab' ich dort in der Küche, nicht in der Gaststube, weil ich ja sozusagen zum Haus gehörte. Und da habe ich wohl zum ersten Mal unbewußt mit dem Küchendunst, dem Herdfeuer und all den köstlichen Gerüchen einer Wirtshausküche den Wunsch verspürt, dieses Metier zu meinem Beruf zu machen.
Auch das war, im nachhinein betrachtet, nicht wirklich Zufall. Denn schon in der Hauptschule hatte ich mit größtem Vergnügen Küchenluft geschnuppert. Den Freigegenstand „Koch" (nicht etwa „Kochen") habe ich, zusammen mit acht anderen Buben, recht gerne besucht. Selbstverständlich wurde das eine oder andere Gericht dann auch zu Hause ausprobiert, wer hätte das an meiner Stelle nicht getan? Sehr zur Freude meiner guten, fleißigen und liebevollen Mutter, die durch den Schichtwechsel in ihrem Betrieb auch nicht immer so zum Kochen kam, wie sie gerne wollte. Wenn die Arbeitszeit von 6 bis 14 Uhr oder von 14 bis 22 Uhr läuft, ist es eine gute Sache, wenn auch der Sohn zu Hause einmal in der Küche steht.
Meinen Vater habe ich leider kaum gekannt. Er ist 1947 bei einem Betriebsunfall ums Leben gekommen, als ich gerade zweieinhalb Jahre alt war. Ein schweres Los für meine Mutter, die sich aber nie beklagt hat und immer bemüht war, mir eine schöne Kindheit ohne Entbehrungen zu ermöglichen.
Zurück also zur Küche in der Gentzgasse: Tante Emmi bekam sofort den Eindruck, daß mein Interesse nicht nur dem Essen, sondern auch dem Zubereiten der Speisen galt.
„Warum laßt's Ihr den Bub denn nicht Koch werden?", war die naheliegende Frage.
„Na, wie soll'n wir denn das anstellen?"
Ganz einfach: Wir marschierten dorthin, wo ich jetzt, so lange Zeit danach, tagtäglich einen guten Teil meines Berufslebens verbringe: zum Judenplatz! Der damalige Oberschulrat Karl Duch gab mir den guten Rat: „Lern' ein Jahr Koch oder Zuckerbäcker, dann hast' die Praxis, und danach komm in die Gastgewerbeschule zurück – da tust' dich als Schüler dann viel leichter!"
Recht hat er gehabt, aber woher so schnell eine Lehrstelle nehmen? Eine als Koch war nicht zu bekommen, und guter Rat war nun teuer. Sollte es denn wirklich so schwer sein, ein Ziel, das man plötzlich vor Augen hat, tatsächlich zu verwirklichen?
Und wieder war's eine gutmeinende Frau, die den entscheidenden Hinweis gab: Der Rötzer braucht einen Lehrbuben! Die Rede war von der Konditorei Rötzer in der Hauptstraße 80 in Mödling. Nach einigen „Schnuppertagen" war die Sache perfekt, und ich begann meine Zuckerbäckerlehre.
Immer noch die Theaterleidenschaft im Kopf, begann ich etwas widerwillig mit meiner Ausbildung zum Zuckerbäcker. Die mangelnde Begeisterung hatte allerdings auch mit der Lehrstelle selbst zu tun: Mein Chef war manchmal unangenehm, und wenn er nur einmal am Tag mit mir herumgeschrien hat, war's schon ein guter Tag. „Bist zu allem zu

blöd!" war seine Einschätzung mir gegenüber. Für einen pubertierenden Jüngling war das keinesfalls aufbauend, und zudem von heutigen pädagogischen Grundsätzen meilenweit entfernt.

Für mich jedenfalls ein totaler psychischer Absturz im Vergleich zur sorgenfreien Zeit davor. Ich war der einzige Lehrbub, daneben gab's noch einen Jungkonditor, einen Meister und den Chef selbst. Es war eine harte Schule, aber ich habe viel gelernt: vor allem wichtige Dinge, die ich heute nach wie vor brauche, wie das perfekte Ineinandergreifen der Arbeitsgänge, Arbeitseinteilung oder auch das Einstellen von Personal.

Zwei Jahre lang hab' ich mir viel gefallen lassen müssen. Irgendwann einmal, im dritten Jahr, hab' ich mich plötzlich auf die Füße gestellt und – zurückgeredet! Der Chef hat's nicht glauben können. Der Junghupfer traut sich ...? Daraufhin ist dem alten Rötzer sogar das Messer aus der Hand gefallen, unvorstellbar für heutige Verhältnisse.

Das Wunder geschah: Unser Verhältnis zueinander hat sich ab diesem Zeitpunkt entscheidend verbessert. Ich war im dritten Lehrjahr bereits Gehilfe (also Jungkonditor) und offensichtlich hoffnungsvoller Nachwuchs; als der Chef plötzlich den Einfall hatte, mich mit seiner Tochter verheiraten zu wollen, „denn da wüßte er das Geschäft später in guten Händen ..." Na, daraus wurde jedenfalls nichts. Die Lehrzeit ging zu Ende, und der Gedanke, Koch zu werden, lebte immer noch in mir.

Wieder kam mir der Zufall zu Hilfe, und wieder (wie könnte es anders sein?) die weibliche Verwandtschaft. Tante Paulas Schwiegertochter hatte eine Kusine, die als Blumenbinderin im *Sacher* arbeitete. Durch sie kam es zum Gespräch mit Direktor Palla, und wenig später war ich Kochlehrling in einem der berühmtesten Häuser Österreichs.

Der 17jährige Franz Zodl im *Sacher* in Wien – da ging das Leben für mich erst richtig los. Denn dort habe ich mich von Anfang an wohlgefühlt! Es begann mit Kleinigkeiten wie etwa in folgender Situation: Der Herr Rammer, Chef für Suppen, Beilagen und Gemüse, bereitet den Teig für Suppen- und Bandnudeln, die im *Sacher* damals natürlich hausgemacht waren. Ich sehe interessiert zu und frage: „Darf ich das auch machen?" Man läßt mich gewähren – und staunt: „Ja, woher kannst' denn das?" Ich erzähle von meiner Zuckerbäcker-Ausbildung ... „Ja, warum sagst das net gleich? Du wirst mir helfen!"

Und genauso war's. Bereits ab dem dritten Tag mußte ich keine Hilfsdienste mehr verrichten, wie Gemüse putzen oder Petersilie hacken. Die Arbeit machte großen Spaß, und mit allen anderen Kollegen in der Küche verstand ich mich auch sehr gut. Und noch etwas kam dazu: Als Kochlehrling besuchte ich einmal in der Woche die Landesberufsschule für das Gastgewerbe. Alles, was ich dort gelernt habe, hat mich ungeheuer interessiert, im übrigen auch ein Mädchen namens Erika Eder, das aber leider schon verlobt war. Ich versuchte ihr zu imponieren, indem ich einfach alles wußte, was man mich in der Schule fragte – während andere beim weiblichen Geschlecht eher mit ihren Mopeds oder sportlichen Leistungen zu punkten versuchten.

Erfolg war mir immer schon wichtig – und das Gefühl, ganz vorne dabeizusein. Nicht aus Glück, sondern ehrlich verdient und erarbeitet. Nichts habe ich – schon damals, als 18- bis 20jähriger Bursch! – mehr gefürchtet als Zweitklassigkeit. Deshalb hat mich die erste Zeit in Wien auch etwas anderes Wichtiges gelehrt: besser ein erstklassiger Koch als vielleicht ein nur zweitklassiger Schauspieler. Die Liebe zum mittlerweile erlernten Beruf, die Anerkennung im *Sacher*, die Begeisterung für meine Tätigkeit – all das hat mich den Gedanken an eine Theaterkarriere damals endgültig verdrängen lassen.

Einkaufstips für Ihre Frühlings-Käseplatte

März

MILD:
Doppelrahm-Frischkäse, Rollot, Banon, Murol
WÜRZIG:
Saint-Paulin, Gouda (mittelalt), Emmentaler, Camembert
PIKANT:
Roquefort

April

MILD:
junger Saint-Paulin, junger Banon, Murol, Camembert
WÜRZIG:
Schafkäse, Edamer, Emmentaler, Beaumont
PIKANT:
Tomme de Savoie, Münsterkäse (mit Kümmel), Livarot

Mai

MILD:
frischer Ziegenkäse, Emmentaler (jung), Chabichou du Poitou, Brie
WÜRZIG:
Chevreton, Camembert, Bleu d'Auvergne, Tomme de Savoie, Explorateur
PIKANT:
Livarot, Saint-Nectaire, Bleu de Sassenage, Emmentaler

Coquilles au fromage à la Dauphin

(Käsespeise in der Muschel nach Thronfolgerart)

Klassisches Käsegericht für 4–6 Personen

1/2 l Obers, 125 g Butter, 250 g Mehl
Salz, Pfeffer, Muskat
6 Eier, 125 g geriebener Parmesan
30 g Zucker
Sardellenfilets

Obers, Butter, Mehl, Salz, Pfeffer und Muskat zu einem Brandteig verarbeiten. Die Eidotter einrühren und den Parmesan beifügen. Die 6 Eiklar mit 30 g Zucker zu Schnee schlagen und unter die Masse heben. Feuerfeste Muscheln mit Butter ausstreichen, mit der Masse füllen und mit Sardellenfilets belegen. 10 Min. bei ca. 190° C backen und für 4–6 Personen als Vorspeise servieren.

Camembert-Sülzchen

Zum Cocktail für 6–8 Personen

250 g reifer Camembert
80 g Butter
80 g geschlagenes Obers
Salz, Cayennepfeffer
1/2 l fertiges Aspik
25 Stück kleine runde
Scheiben Pumpernickel
Schinkenbutter

25–30 kleine Dariolen mit Aspik chemisieren. Creme: Den passierten Camembert mit Butter glattrühren, mit Salz und Cayennepfeffer würzen, Obers unterheben, mittels Dressiersack die Creme in die Dariolen füllen und mit Aspik verschließen. Mindestens 1 Stunde kühlstellen. Beim Anrichten auf mit Schinkenbutter bestrichene Pumpernickelscheiben setzen.

Mürbe Kümmelkekse

250 g Mehl
100 g Butter
100 g geriebener Parmesan
1 Ei
Salz
Kümmel zum Bestreuen
Ofentemperatur: 180° C
Zeit: 12–15 Minuten

Alle Zutaten zu einem Teig verarbeiten und im Kühlschrank rasten lassen. Dann 2–3 mm dick ausrollen, mit gezacktem Ausstecher ausstechen und auf ein trockenes Blech setzen. Mit Ei bestreichen, mit Kümmel bestreuen und hell backen.

Käserührei nach Brillat-Savarin

Auf jedes Ei nimmt man 1 EL Sauerrahm sowie kräftigen geriebenen Käse (etwa 1/3 des Ei-Gewichtes) und etwas Butter (10 g pro Ei), gewürzt mit Salz, und rührt alles über Dunst zu einem lockeren Rührei, serviert es auf Toast-Melba und bestreut es mit Schnittlauch sowie scharfem Paprika.
Toast-Melba ist sehr dünn geschnittenes, entrindetes und knusprig gebackenes Toastbrot.

Käseleckerbissen

Käseleckerbissen

20 Stück Toastscheiben
Brösel
ca. 100 g geriebener Parmesan zum Wälzen
200 g geklärte Butter oder Butterschmalz zum Backen

FÜLLE:
250 g geriebener Käse
(Edamer oder Emmentaler)
100 g Butter
1 TL Englischer Senf
100 g gekochter Schinken, fein gehackt
3 Eidotter

Alle Zutaten gut verrühren, ausfertigen.

Die Toastscheiben messerrückendick mit ca. 5 cm Durchmesser rund ausstechen. Die Fülle auf die Hälfte der Toastscheiben verteilen.
Mit den anderen 10 Toastscheiben abdecken und dann halbieren. 1/2 Stunde kaltstellen.
An den Schnittseiten in verschlagenes Ei tauchen und in Brösel drücken. In Butter goldgelb backen, heiß mit Parmesan bestreuen und rasch servieren.

Marinierter Ziegenkäse

200 g frischer Ziegenkäse
2 EL Olivenöl
1 EL Balsamico-Essig
frischer Majoran
1–2 Knoblauchzehen, gepreßt
Pfeffer aus der Mühle

Den Ziegenkäse schneiden und mit den übrigen Zutaten marinieren.

Käsesalat

ca. 4 Portionen

400 g gemischter, in dünne Scheiben geschnittener Käse
(Emmentaler, Edamer, Appenzeller u. dgl.)
1/16 l verdünnter Essig
4 El Pflanzenöl
1 TL gehackter Kümmel
1 EL geriebener Kren
kleine Essigzwieberln
schwarze Oliven
eventuell Sherry-Tomaten

Die Käsescheiben auf Teller auflegen, mit Essig und Öl übergießen, mit Kümmel und Kren bestreuen und mit den restlichen Zutaten garnieren.

Käse „Bavarois" mit Radieschensalat

4 Portionen

60 g geriebener Käse (gemischt)
300 g Milch (ca. 0,3 l)
4 Eidotter, gut schaumiggerührt
4 Blatt Gelatine
(kalt eingeweicht und ausgedrückt)
1/8 l Sauerrahm
1/8 l geschlagenes Obers
Salz, weißer Pfeffer, Muskat

befeuchtete Formen

Die mit Salz, Pfeffer und Muskat gewürzte Milch aufkochen und über die Eidotter gießen; gut verrühren. Gelatine darin auflösen, geriebenen Käse beigeben und alles im Wasserbad kaltrühren. Wenn die Masse zu stocken beginnt, Sauerrahm und Obers beigeben und in die Formen füllen. Stocken lassen. Beim Servieren stürzen und mit Radieschensalat (oder kleinem Blattsalat) garnieren.

RADIESCHENSALAT

Blättrig geschnittene Radieschen salzen, pfeffern, etwas zuckern. Mit verdünntem Essig und Öl, eventuell auch gestoßenem Kümmel, marinieren.

Cottage Cheese zum Abendessen

4 Portionen

250 g Cottage Cheese

50 g Schinken
50 g Paprikaschoten
50 g Pumpernickel
50 g Senfgurken
(alles kleinwürfelig geschnitten)

je 1 TL Dille, Petersilie
2 Zehen Knoblauch
Salz und Pfeffer aus der Mühle
(alles fein gehackt)

Alle Zutaten vermischen und kaltstellen. Mit kräftigem Brot servieren.

Gurkenragout mit Matjesheringen

4 Portionen

100 g Salatgurke, geschält
100 g Senfgurke
1 rote Paprikaschote
1 Apfel
(alles etwa erbsengroß würfelig geschnitten,)
eventuell Kresse zum Garnieren

2–4 Stück Matjesfilets
in Streifen geschnittene Käsescheiben

Die geschnittenen Zutaten mit Kräuter-Crème-fraîche binden und alles kaltstellen. Auf gekühlten Tellern anrichten, mit schräg geschnittenen Matjesstücken und mit Käsestreifen belegen. Kresse rundherum streuen.

Bärlauchaufstrich

100 g Butter
150 g Gervais
Salz und Pfeffer
200 g Bärlauch, gewaschen
und feinnudelig geschnitten

Butter mit Gervais stark schaumigschlagen, würzen. Bärlauch beigeben und frisch servieren. Achtung: Bei zu langem Stehen kann der Bärlauch bitter werden!

Frühlingskräuter-aufstrich

200 g Frühlingskräuter (Saison: etwa April),
mit 1 Liter kochendem Wasser überbrüht
und im Eiswasser abgefrischt

150 g cremiger Topfen
100 g Butter
Salz, Pfeffer, etwas Senf

Butter mit Topfen stark schaumigrühren, würzen und die gehackten Frühlingskräuter beigeben. (Die Frühlingskräuter können auch roh gehackt werden, nur sind sie dann leicht herb.)

Bärlauchaufstrich

Kräftige Käsesuppe

4 Portionen

3/4 l kräftige Rindsuppe
300 g rohe, geschälte, in kleine Würfel geschnittene Kartoffeln
100 g durchwachsener Speck, kleingeschnitten
Salz, Pfeffer

ZUM ANRICHTEN:
4 Eidotter
4 EL Obers
120 g gemischter Reibkäse

Den Speck kurz anrösten, Kartoffeln und Rindsuppe dazugeben und kochen lassen, bis die Kartoffeln weich sind. Mit einem Schneebesen verschlagen, aufkochen und abschmecken.
In Suppentassen je einen Eidotter, Obers sowie geriebenen Käse geben und mit der heißen Kartoffelsuppe anrichten.

Rindsuppe „Canino"

4 Portionen

1 Liter kräftige Rindsuppe
Schnittlauch

KÄSETROPFTEIG:
2 Eier
2 EL Mehl
2 EL feinstgeriebener Parmesan (= normal geriebener Parmesan, durch ein feines Sieb gerieben)
1 TL Öl
etwas Salz

Leicht wallendes Salzwasser sowie kaltes Wasser zum Abspülen.

Aus den Zutaten zum Tropfteig einen glatten Teig rühren, ohne ihn schaumig werden zu lassen. Durch eine Dressiertülle (Nr. 20,3) und mittels Dressiersack den Teig in dünnem Strahl ins Salzwasser laufen lassen. 2 bis 3 Minuten ziehen lassen, mit dem Sieb herausnehmen und vorsichtig im kalten Wasser abfrischen.

Pariser Gemüsesuppe

4 Portionen

350 g speckige Kartoffeln
(schälen, in möglichst dreieckige Scheiben schneiden und anschließend in kaltes Wasser legen)
3 Lauchstangen (nur der weiße Teil!)
1 mittlere Zwiebel (ca. 100 g)
60 g Butter zum Andünsten des Lauches

40 g durchzogener Speck in kleinen Würfeln
2 Zehen Knoblauch, in Scheiben geschnitten
150 g Kohl, in der Größe der Kartoffeln geschnitten (aber ohne Rippen, d.h. ohne Mittelstrunk)

1 Liter Rindsuppe
eventuell ein gekochtes Hühnerbein

10–12 Scheiben Baguette, beidseitig in Butter gebacken
150 g geriebener Gruyère
1 Becher Crème fraîche
Salz
Pfeffer aus der Mühle

Speck, Zwiebel und den in Ringe geschnittenen Lauch glasig andünsten, Knoblauch und Kohl dazugeben, kurz durchrühren. Mit der Suppe aufgießen, aufkochen und die Kartoffeln dazugeben. Alles kernig weich kochen (ca. 15 Minuten), würzen und abschmecken.
Vor dem Servieren mit Crème fraîche verfeinern. Heiß anrichten. Die Baguettescheiben mit Gruyère bestreuen und extra servieren. Die Suppe kann mit geschnittenem Hühnerfleisch noch verbessert werden!

Käsekrusteln als Suppeneinlage

ca. 12 Stück

1 TL Butter
1 TL Mehl
1/16 l Milch
Salz, Muskat

150 g Emmentaler (kleine Würfel)
Ei und Brösel zum Panieren
Fett zum Backen

Butter und Mehl unter ständigem Rühren erhitzen und aufschäumen lassen. Mit der Milch langsam unter Rühren aufgießen, glattrühren und aufkochen lassen.
Die so entstandene Béchamelsauce würzen und mit den Emmentaler-Würfeln vermischen. Die Masse erkalten lassen, Laibchen formen, mit Ei sowie Bröseln panieren und schwimmend herausbacken. Abtropfen lassen und heiß in klarer Rindsuppe servieren.

Gebackener Camembert

4 Portionen

4 Stück reifer Camembert (etwas entrindet)
Pfeffer aus der Mühle

PANIER:
einige EL Mehl
2 Eier
Brösel (ca. 3–4 EL pro Käse)
Fett zum Herausbacken

1 Bund Krauspetersilie, gewaschen, getrocknet und gebacken

Camembert pfeffern und zweimal panieren, das heißt, wenden in: Mehl – Ei – Brösel – Ei – Brösel.
Dann bei ca. 200° C Fettemperatur im heißen Öl in einer tiefen Pfanne backen.
Anrichten mit gebackener Petersilie und z.B. gekochten Preiselbeeren oder Äpfeln, Birnen usw.

GEBACKENE PETERSILIE
Die trockene Petersilie ganz kurz ins heiße Fett geben, auf Küchenkrepp abtropfen lassen und salzen.

Goldhirse mit Käse und Kräutern

ca. 4 Portionen

500 g Goldhirse, in Salzwasser weichgekocht (siehe Anleitung auf der Packung)

1 Zwiebel, feingehackt (= ca. 100 g)
1 rote Paprikaschote, in kleine Würfel geschnitten
100 g Sojakeime, 1 Minute überkocht
80 g Butter

2 EL gehackte Kräuter: etwas Petersilie, Pfefferminze, Kerbel, Oregano
120 g geriebener Hartkäse
Kräutersalz

Zwiebel, Paprika und Sojakeime in Butter dünsten (3–4 Minuten). Kräuter darin aufschäumen lassen und alles mit der Hirse mischen. Beim Anrichten mit dem geriebenen Käse bestreuen.

Goldhirse

Käseauflauf mit Obersspinat

3–4 Portionen

KÄSEAUFLAUF:
120 g Butter, 1/16 l Milch
6 Eidotter, 6 Eiklar
3 Semmeln (entrindet)
120 g Parmesan
Salz, Muskat, weißer Pfeffer

Butter und Brösel zum Ausstreichen der Form
Alufolie zum Abdecken

OBERSSPINAT:
600 g frischer Spinat
(gewaschen und 3 Minuten überkocht)
1/4 l Obers. 50 g Butter
Salz, Pfeffer, Knoblauch
20 g griffiges Mehl

HERSTELLUNG DES KÄSEAUFLAUFS:
Semmeln in Milch einweichen, ausdrücken und passieren. Butter schaumigrühren, Dotter nach und nach dazumischen, Semmeln sowie Parmesan beigeben und glattrühren.
Eiklar zu Schnee schlagen und unter die Masse heben.
Eine Form (Gugelhupf) mit Butter bestreichen und mit Bröseln ausstreuen. Die Masse einfüllen und im Wasserbad bei ca. 170° C ungefähr 1 Stunde kochen. Etwas ruhen lassen und dann stürzen. Mit Obersspinat servieren.

HERSTELLUNG DES OBERSSPINATS:
Den Spinat hacken, in Butter sautieren, würzen, mit griffigem Mehl stauben, mit Obers auffüllen und durchkochen.

„Käsespeise auf meine Art"

Zutaten für 8 Portionen:

1/4 l Milch
120 g Weizenpuder (Weizenstärke)
60 g Butter
Salz, Pfeffer, Muskat
8 Eidotter
Schnee von 8 Eiklar (mit 1 EL Zucker)
150 g geriebener Parmesan

Milch, Weizenpuder, Gewürze und Butter aufkochen und wie einen Brandteig kurz abrösten. In einen Kessel umleeren und nach und nach Eidotter und Parmesan einrühren. Schnee unterheben. Die Masse in eine mit Butter und Mehl ausgestaubte, feuerfeste Form oder in Kaffeetassen füllen, bei 180° C goldgelb backen und sofort servieren.

Karfiolröschen mit Käse

300 g Karfiol (1 kleine oder 1/2 Rose),
in Salzwasser gekocht
100 g geriebener Emmentaler
Butter für die Schüssel

Eine niedrige Glasschüssel mit Butter bestreichen, Karfiolröschen kalt auflegen und mit Emmentaler bestreuen. Im Rohr oder Mikrowellenherd wärmen. Der Karfiol wird heiß und der Käse schmilzt.

Paillard vom Rind

Lachsschnitte im Goldenen Haus

(Tranche de Saumon „Maison d'or")

4 Portionen

4 Stück Lachsfilets à ca. 180 g, ohne Haut
Salz, Zitronensaft
1/16 l Weißwein
80 g Butter zum Garen
Mehl zum Eintauchen

SAUCE:
200 g frische Champignons,
gewaschen und fein gehackt
1 TL griffiges Mehl
1/4 l Kaffeeobers, 40 g Butter
2 Eidotter
Salz, Pfeffer, Muskat
4 EL Parmesan, gerieben

1 feuerfeste Schüssel, mit Butter ausgestrichen

Die Lachsfilets auf der Hautseite leicht einschneiden, salzen und mit Zitronensaft beträufeln. In Mehl tauchen und in klarer Butter ca. 2 bis 3 Minuten auf jeder Seite garen. Der Fisch soll fast keine Farbe annehmen! Mit Weißwein löschen. Lachsfilets auf Küchenkrepp legen.

SAUCE

Die Champignons in Butter kurz dünsten, mit Mehl stauben, mit Kaffeeobers auffüllen und zu einer cremigen Sauce verkochen. Mit Salz, Pfeffer und Muskat abschmecken. Eidotter sowie Rückstand vom Garen des Fisches beigeben.
Die Lachsfilets in die feuerfeste Schüssel legen, mit der Sauce überziehen, mit Parmesan bestreuen und im vorgeheizten Rohr bei ca. 210° C goldgelb überbacken.

Paillard vom Rind mit Parmesan

200 g Rindslungenbraten
(in dünne Scheiben geschnitten)
1 EL Öl zum Braten

SAUCE:
1 Essiggurkerl
40 g Zwiebel
(entspricht etwa 1 kleinen Zwiebel)
10 Kapern, 1 Sardellenringerl
1 kleiner Bund Petersilie
50 g Eierschwammerln (gedünstet)
1 hartgekochtes Ei
1 Tomate, geschält und entkernt
(Alle Zutaten fein gehackt)
Dazu:
3 EL verdünnter Essig
3 EL gutes Öl
Kräutersalz, Pfeffer aus der Mühle
120 g Parmesan in groben Stücken
Vogerlsalat oder Kresse zum Garnieren

Alles mit den obigen Zutaten gut vermischen.

Die Lungenbratenscheiben im heißen Öl einige Sekunden beidseitig braten, abtropfen lassen und auf Teller legen. In die Mitte etwas Sauce und Einlage geben. Garnieren mit Vogerlsalat oder Kresse. Die Parmesanstücke lose darüberstreuen.

Topfenknödel-Variationen

Topfenknödel (1)

ca. 8 Portionen

60 g weiche Butter, 120 g Weizengrieß
200 g Vollei (= 4 Stück), 600 g Topfen (10%)
1 Prise Salz, Butterbrösel

Die Butter mit dem Salz schaumigrühren. Dann die Eier und den passierten, nicht zu kalten Topfen abwechselnd beigeben. Weizengrieß mit der Hand unterheben und kühl rasten lassen. Mit einem Eisportionierer Knödel ausstechen; in einem hohen Geschirr in leicht kochendes, gesalzenes Wasser einlegen und vorsichtig kochen.
Anschließend in gut gerösteten Butterbröseln wälzen. Zur Verfeinerung mit gehackten, gebrannten Walnüssen bestreuen und zuckern.
Diese Knödel müssen rasch serviert werden!

Topfenknödel (2)

ca. 8 Portionen

500 g Topfen (10%), 125 g Mehl, Salz
1 Ei, 1 Dotter, 30 g Butter,
30 g Staubzucker

ZUM ANRICHTEN:
100 g Brösel, 80 g Butter, Staubzucker

Alle Zutaten rasch im Schneekessel vermischen. Die Masse kann sofort oder gekühlt auch später verwendet werden. (Ideal, wenn Gäste kommen!) Die in der Hand geformten Knödel werden etwa 10 Minuten langsam in köchelndem Salzwasser gekocht.
Danach vorsichtig aus dem Wasser heben und abtropfen lassen. Mit Butterbröseln und Staubzucker anrichten.

Topfenknödel (3)

ca. 4 Portionen

70 g Butter, 3 Dotter, 200 g Topfen, Salz
2 entrindete, kleinwürfelig
geschnittene Semmeln
1/8 l Sauerrahm, 80 g Mehl, 3 Eiklar
80 g Butter , 100 g Brösel, Staubzucker

Butter, Dotter, Topfen und Salz schaumigrühren. Semmelwürfel, Sauerrahm und Mehl beigeben, gut verrühren, zuletzt den steifen Schnee darunterziehen. Im Kühlschrank kurz rasten und etwas anziehen lassen, dann aus der Masse kleine Knödel formen. In gesalzenem Wasser etwa 15 Minuten leicht kochen lassen.
Die gut abgetropften Knödel in mit Butter gerösteten Bröseln wälzen und mit Staubzucker bestreut servieren.

Erdbeerknödel

ca. 20 Stück

TEIG:
250 g Topfen (10%), 150 g Butter
2 Eier, 100 g Mehl, Salz
Alles zu einem glatten Teig verarbeiten und
eine Stunde rasten lassen.
20 Stück mittelgroße Ananaserdbeeren,
mit etwas Zimt bestreut

ZUM ANRICHTEN:
5 EL Semmelbrösel, 120 g Butter
Zucker zum Bestreuen

Den gerasteten Teig zu einer Rolle formen und in gleich große Stücke teilen. Die Ananaserdbeeren darin einschlagen und die Knödel ca. 8 Minuten im Salzwasser leicht kochen.
Vor dem Servieren in den gerösteten Bröseln wälzen; mit Zucker bestreuen.

Sommer

Appetit auf leichte Sommergenüsse:
Am besten schmeckt's mit
Ziegenkäse aus Österreich.

Kulinarisches und Biographisches

SOMMER-ERINNERUNGEN

Der 17jährige Franz Zodl im *Sacher* – da ging das Leben für mich erst richtig los. Denn dort habe ich mich von Anfang an wohlgefühlt!

Das einzige, das mir im Sommer in Wien wirklich fehlte, war die Oper. Besser gesagt: der regelmäßige Opernbesuch! Denn ich hatte – und habe – ein starkes Musikempfinden. Und was lag näher (im wahrsten Sinne des Wortes!) zum *Sacher* als die Wiener Staatsoper? Doch nicht nur unsere Staatsoper war ein magischer Anziehungspunkt für mich, sondern auch etwas viel Kleineres, Banales, und trotzdem – damals – so ungeheuer Wichtiges für mich: die Opernpassage und das dort befindliche Café. „Einmal möcht' ich soviel Geld haben, daß ich dort einen Kaffee trink'!" war ein stets wiederkehrender Gedanke. Irgendwie schien dieses ganz hinter Glas befindliche, für damalige Zeiten so richtig „moderne" Kaffeehaus mitsamt seinen Gästen und Kellnern etwas ganz Besonderes zu sein. Wer dort sitzt, ist also auch etwas Besonderes...Und lang hat es gedauert, bis ich mich wirklich hineingetraut hab' in dieses „Heiligtum", auch, als das Geld für mehrere Schalen Kaffee längst gereicht hätte. Aber wahrscheinlich braucht man im Leben diese Wunschträume, die kleinen und die großen, damit die Vorfreude fast schöner sein darf als die Erfüllung.

Wien bot also in jeder Beziehung von Beginn an viele Gründe, sich jeden Abend auf den nächsten Tag zu freuen.

Es hat schon seinen Grund gehabt, daß ich 14 Jahre lang im *Sacher* geblieben bin. Daß man in dieser Zeit auch ganz nebenbei das echte „Hochdeutsch" lernte, also so richtig „nach der Schrift zu sprechen", versteht sich – schließlich bin ich ein Kind vom Land – fast von selbst.

Allerdings – eines war damals undenkbar: Daß der Koch zu den Gästen geht! Heute gerne gesehen und durchaus üblich, wäre dies damals als echter Affront gewertet worden. Peter Gürtler hätte dies nie erlaubt. Diese Entwicklung konnte auch niemand vorausahnen, und keiner hat sich damals, vor so vielen Jahren, vorstellen können, wie sehr sich der Gast heute darüber freut, wenn der Meister persönlich aus der Küche kommt und fragt, ob's geschmeckt hat.

Damals und heute: Es war schon etwas Besonderes, in solch einem Traditionshaus zu arbeiten. Noch dazu in einer urösterreichischen Institution wie dem *Sacher!* Auch sie war übrigens eine Institution: Ich erinnere mich noch gut an die „gnädige Frau", die Frau Siller, die ich zwei oder drei Jahre lang erlebt habe. Sie war täglich persönlich in der Küche anwesend, um beim Kochen zuzusehen und „nach dem Rechten zu schauen". Zu ihren täglichen Gewohnheiten zählte auch der Spaziergang vom *Sacher* in den Burggarten und wieder zurück, wohl ganz in Gedanken an den Kaiser Franz Joseph versunken.

Als wäre die Arbeit in der Küche nicht genug, hat es mich doch immer gereizt, auch noch etwas „nebenbei" zu machen. Diese Nebentätigkeiten erwiesen sich in der Regel als ordentliches Stück Streß, aber das fiel immer unter „selber schuld". Mit etwa 22 Jahren wurde ich zum Beispiel in die Prüfungskommission für die Lehrabschlußprüfung für Köche geholt, also in jenes Haus am Judenplatz, in dem ich auch heute arbeite. Bei dieser Gelegenheit habe ich Herrn Direktor Mayer kennengelernt, der mir das im 6. Stock befindliche „Gastronomische Institut" zeigte. Dort wurden regelmäßig sogenannte „Hausfrauenkurse" abgehalten, in denen interessierte Hobby-Köchinnen und -Köche in kleine und große Küchengeheimnisse eingeweiht wurden. Mein Interesse war geweckt, und ich bot dem Direktor an, wann immer jemand als Kursleiter benötigt würde, könne er mit mir rechnen.

Bereits 3 Wochen später kam der Anruf, und acht interessante Jahre lang leitete ich die Kochkurse am Gastronomischen Institut. Eigentlich wollte Herr Direktor Mayer mich auch noch als Lehrer einsetzen, aber das wäre mir wirklich zuviel gewesen. Der Tag war schon so anstrengend genug: 9–14 Uhr *Sacher*, 15–18 Uhr Kursleiter, 19–24 Uhr *Sacher.*

14 schöne Wiener Jahre also, viel Arbeit und sicher auch Streß, und trotzdem nur angenehme Erinnerungen. Ich war zum Küchenchef-Stellvertreter avanciert – doch als man mir den Posten des Küchenchefs angeboten hat, bin ich gegangen.

Das mag seltsam klingen, denn für viele wäre dies die Erfüllung ihres Lebenstraumes gewesen. Ich war mir aber darüber klar geworden, daß ich noch anderes tun mußte, als zeitlebens an Ort und Stelle zu bleiben – auch wenn es ein so angenehmer Ort wie das *Sacher* war. Ehrlicherweise muß ich sagen, daß ich in einen inneren Konflikt geraten wäre. Denn einerseits verstand ich mich mit allen Mitarbeitern in der Küche prächtig. Als Chef aber muß man auch dreinfahren können, wenn es notwendig ist – und ich wollte nicht von einem Tag auf den anderen über die Kollegen „drüberspringen". Es wäre also problematisch gewesen, sich in der eigenen Brigade und gleichzeitig der Direktion gegenüber durchsetzen zu müssen. Außerdem war es Zeit, sich zu verändern, sich kreativ weiterzuentwickeln. Schweren Herzens habe ich mich also, mittlerweile 30 Jahre alt, vom Haus in der Philharmonikerstraße getrennt. Schon bald wußte ich, daß die Entscheidung goldrichtig gewesen war. In der langen Zeit, die ich dort verbracht hatte, habe ich nicht nur viel gelernt, sondern mir auch das Rüstzeug für's weitere Leben geholt, mich selbst gefestigt und stabilisiert.

Back to the roots würde es heute wahrscheinlich heißen. Denn es zog mich wieder in die Nähe meiner Heimat: Ich wurde Küchenchef im Clubhotel Schloß Weikersdorf in Baden, das damals gerade eröffnet worden war. Selbstverständlich hatte ich selbst dort einen Nebenjob, der dafür sorgte, daß das Leben nie zu beschaulich wurde. Diesmal wurde ich in der Hotelfachschule *Modul* im 19. Bezirk in Wien gebraucht. Jeweils an einem Tag in der Woche habe ich dort „Praktisches Kochen" unterrichtet. Außerdem hatte man mir zugesichert, daß ich nach einem Jahr wieder aufhören könne, wenn es mir zuviel würde – also habe ich gerne zugesagt und auch diese Tätigkeit nie bereut!

Dabei hätte ich schon nach drei Monaten beinahe das Handtuch geworfen. Es ist eben ein ganz anderes Arbeiten in der Praxis, als vor den Schülern mit dem Lehrbuch dazustehen und den jungen Leuten die Theorie nahezubringen! Wohl auch aus dieser Einsicht habe ich damals den viersemestrigen Lehrgang am Pädagogischen Institut in Meidling gemacht, um danach die Lehramtsprüfung für „praktischen Fachunterricht" abzulegen. Das bedeutete, neben der täglichen Arbeit auch selbst wieder einige Stunden die Schulbank zu drücken. Dies wiederum kam dem *Modul*-Direktor Blohberger zu Ohren, der mich in sein Büro bat und ein interessantes Angebot machte. „Wir sind sehr zufrieden mit Ihnen, und wenn Ihnen die Arbeit weiterhin Freude macht, bieten wir Ihnen ab dem folgenden Schuljahr eine ganze Lehrverpflichtung an!" Ein solches Angebot schmeichelt sehr und will dennoch gut überlegt sein. Wollte ich das wirklich, eine Tätigkeit, bei der ich so weit weg vom Herd und so mittendrin in der Theorie sein mußte? Ich äußerte den Wunsch, dann auch Speisenkunde und Nahrungsmittelkunde zu unterrichten – kein Problem für den Direktor. Gesagt, getan: Eine lange und erfüllte Zeit, in der auch ich wieder viel lernen konnte, sollte beginnen ...

Baden allerdings ... da lief einiges nicht so ganz nach meinen Vorstellungen.

Obwohl die geographische Nähe zu Gumpoldskirchen verlockend und auch Baden ein wunderschöner Ort zum Leben ist, hielt ich es dort (jedenfalls beruflich) nicht länger als von 1975 bis 1976 aus. Die Tätigkeit als Küchenchef im Clubhotel war also der einzige Job meines Lebens, dem ich nur kurz „treu" geblieben bin. Aber Baden war mir irgendwie zu wenig Herausforderung, zu klein, und nach einem Jahr war ich wieder in Wien. Und glücklich! Wesentlich länger (und lieber), nämlich von 1976 bis 1985, blieb ich dafür im *Modul*, wo mir das Unterrichten großen Spaß machte und alles bisher Gelernte nur zugute kam. Es war allerdings nicht immer leicht für mich. Je älter man wird, desto eher verlernt man das Lernen. Das behaupten zwar bereits halbwüchsige Schulkinder, aber für einen erwachsenen Menschen ist es nicht einfach, sich plötzlich mit Volkswirtschaftslehre und Erziehungswissenschaften herumschlagen zu müssen, um dieses Wissen dann an die Jugend weitergeben zu können.

Selbstverständlich konnte ich aber auch das Kochen nicht sein lassen. Damals noch unvorstellbar für mich, nicht mehr selbst am Herd zu stehen und die Geschicke einer guten Restaurantküche zu leiten! Deshalb wurde am Abend das Lehrbuch gegen den Kochlöffel getauscht, und ich werkte im *Leupold*, d.h. im Restaurant *Kupferdachl*. Sechzehn Jahre lang hatte ich einen abwechslungsreichen Tagesablauf. Vormittags unterrichten, die ersten zwei Jahre auch noch den Unterricht für die Lehramtsprüfung besuchen, nachmittags lernen, abends von 19–24 Uhr als Chefkoch beim *Leupold* arbeiten.

Wenn ich diese Zeit heute so Revue passieren lasse, wundere ich mich ein wenig, daß ich das damals so problemlos durchgehalten habe. Aber mehr denn je habe ich in dieser Zeit gespürt: Ich mache nur, was ich wirklich kann! Damals wie heute predige ich das auch meinen Schülern. Viele werden erst später wissen, wenn sie voll im Berufsleben stehen, was damit tatsächlich gemeint ist. Es ist dies ein wichtiger Grundsatz, den eigentlich jeder zu seinem Lebensmotto machen sollte. Selbst wenn eine solche Maxime noch so großen Streß bedeutet: Nur dann macht die Arbeit Freude, und es gelingt, was man anpackt.

Einkaufstips für sommerliche Käse-Genüsse

Juni

MILD:
Rahmfrischkäse, frischer Ziegenkäse, junger Gouda, Brie, Camembert
WÜRZIG:
Chevreton, Münsterkäse, Reblochon, Rocamadour, Sancerre
PIKANT:
Bleu de Causses, Charolles, Roquefort, Saint-Florentin

Juli

MILD:
Beaumont, Brie, Camembert, frischer Ziegenkäse
WÜRZIG:
Edamer, alter Gouda, Chevreton, Reblochon, Pont l'Evèque
PIKANT:
alter Schaf- und Ziegenkäse, Mahón

August

MILD:
Coulommiers, Camembert, Emmentaler, frischer Ziegenkäse
WÜRZIG:
Appenzeller, Chaource, Edamer, Gouda
PIKANT:
Dauphin, Monsieur Fromage, Livarot

Sommercocktail

4 Portionen

1/2 Salatgurke, geschält und entkernt
1 Paprikaschote
2 Tomaten, geschält und entkernt
1 mittlere Zwiebel, kleingeschnitten
3 EL Olivenöl
2 EL Zitronensaft
2 EL Honig
Kräutersalz
1 TL Paprikapulver
200 g Ziegenkäse, in Würfel geschnitten

Die Salatgurke und die Tomaten in erbsengroße Würfel schneiden, mit den restlichen Zutaten (außer Ziegenkäse) mischen und abschmecken, kaltstellen.
Vor dem Servieren den Ziegenkäse unterheben und in Gläsern als Vorspeise servieren.

Mozzarella mit Knoblauch und Salbei

Portionen nach Belieben

Mozzarella in Scheiben schneiden und auf Teller legen, mit schwarzem Pfeffer bestreuen. Einige Knoblauchzehen in dünne Scheiben schneiden.

Olivenöl
frische Salbeiblätter
etwas Weinessig

Die Knoblauchscheiben in Olivenöl goldgelb rösten, mit Essig löschen und erkalten lassen. Die Mozzarellascheiben mit Salbei belegen und mit Knoblauch und Öl übergießen. Nach Geschmack salzen.

Shrimpssalat Raskoni

4 Portionen

1 Salatgurke, geschält und entkernt
1 EL guter Essig
1 EL Öl
Salz, Pfeffer zum Marinieren

2 Becher Crème fraîche (sauer)
2 Tomaten (geschält,
entkernt und in kleine Würfel geschnitten)
1 EL gehackte Dille
1 TL Curry
200 g Shrimps
Salatblätter zum Anrichten

Die Gurke grob raffeln, marinieren, 10 Minuten ziehen lassen, abtropfen lassen.
Tomaten, Curry, Dille dazugeben und alles mit Mayonnaise und Crème fraîche binden.
Auf Salatblättern anrichten und mit Shrimps bestreuen.

Persischer Joghurtkäse mit Gurken

1 l Joghurt
1 große, frische Gurke
(geschält, entkernt, fein gehackt)
60g rote Zwiebel, fein gehackt
4 Stück Radieschen, fein gerissen
60 g Walnüsse, gehackt
30 g Korinthen
1 EL Dille, gehackt
1 EL Pfefferminze, gehackt
Salz
Salatblätter zum Anrichten

Den Joghurt auf einem Tuch mindestens 8 Stunden abtropfen lassen. Es soll ein cremiger Frischkäse entstehen. Diesen mit den restlichen Zutaten vermischen, mit einem Eisportionierer auf den Salatblättern anrichten und gut gekühlt servieren.

Österreichischer Schafmilchkäse „Bajazzo"

(„Rotes Schaf")

4 Portionen

1 Schafmilchkäse, in 4 Scheiben geschnitten
8 gleich große, dünne,
ausgestochene Apfelscheiben
schwarzer Pfeffer
Zahnstocher zum Fixieren
300 g Öl zum Backen
Backteig

Die Schafmilchkäsescheiben mit schwarzem Pfeffer würzen und zwischen jeweils 2 Apfelscheiben legen. Mit einem Zahnstocher fixieren. Die Scheiben durch den Backteig ziehen und im heißen Öl rasch backen.

BACKTEIG:
1/16 l Weißwein
2 EL Mehl
1 Eidotter
1 Eiklar Schnee
1 TL Zucker
Salz
1 TL Rum

Weißwein, Eidotter, Rum, Salz und Mehl glattrühren, Eiklar zu Schnee schlagen, mit Zucker ausschlagen und unterheben. Eventuell mit gebackener Petersilie anrichten.

Österreichischer Ziegenkäse, gefüllt

4 Portionen

4 Stück reifer österreichischer
Ziegenweichkäse („Weiße Ziege")
80 g Butter
1/16 l geschlagenes Obers
Salz, Pfeffer aus der Mühle

GARNITUR:
8 kleine, rote Radieschen, blättrig geschnitten,
mariniert mit Salz, Zucker, Essig und Öl;
einige Scheiben Pumpernickel.

Den Ziegenkäse, wenn nötig, etwas putzen und rund ausstechen, so daß ein Rand von 1/2 cm bleibt. Das Innere mit Butter passieren; etwas salzen, pfeffern und mit geschlagenem Obers lockern. Die Käseringe auf Teller setzen und erhaben mit der Creme füllen. Radieschen dazu arrangieren und Pumpernickel mitservieren.

Stracciatella

Gervais-Schaumtörtchen auf westfälische Art

25 kleine Blätterteigröllchen
(optisch wie kleine Schaumrollen)
250 g Gervais
70 g Butter
120 g geschlagenes Obers
50 g geriebener Pumpernickel
50 g feingeschnittener Westfäler Schinken
Salz, Pfeffer, Senf
25 Stück kleine Melonenkugeln

Den Gervais durch ein Sieb streichen und mit Butter glattrühren. Mit Salz, Pfeffer und Senf würzen; Pumpernickel und Westfäler Schinken dazugeben und geschlagenes Obers unterheben. Die Masse mit glatter oder Sterntülle in die Törtchen füllen, Melonenkugeln als Dekor verwenden.

Schottische Schnepfen

4 Portionen

4 dünne, in Butter geröstete Toastscheiben mit Sardellencreme bestreichen.

SARDELLENCREME
80 g Butter
2 Dotter, sehr schaumig gerührt
2 Sardellenfilets, gehackt

Auf die mit Sardellencreme bestrichenen Toasts 4 Sardellenfilets legen und alles mit geriebenem Parmesan bestreuen.
Jeweils mit einer in Butter gerösteten und mit einer dicken Scheibe Chesterkäse belegten Toastscheibe abdecken. Mit Muskat und Cayennepfeffer würzen und im Rohr überbacken.

Dieses Gericht kann als Vorspeise bei Cocktails oder zum Wein gereicht werden.

Käsekrapfen

BRANDTEIG:
1/4 l Wasser
80 g Butter
125 g Mehl
Salz
4 Eier

Einen herkömmlichen Brandteig bereiten und kleine Krapfen im Rohr backen.

Ofentemperatur: 170° C
Zeit: 10–12 Minuten

FÜLLUNG:
150 g geriebener Chesterkäse
30 g Weizenpuder
4 Eigelb
1/2 l Obers
50 g Butter
Salz
1 TL Paprika

Alle Zutaten zu einer Creme abziehen und in die erkalteten Brandteigkrapfen eindressieren.

Kleiner Käseauflauf mit Krebsen

8–10 Förmchen mit Butter ausstreichen und mit Mehl ausstauben.

100 g geriebenes, etwas getrocknetes Weißbrot
1/2 l Sauerrahm
50 g Krebsbutter (oder 50 g Butter und 2 Packungen Krebspastete à 40 g)
5 Eidotter
Salz, Muskat
100 g geriebener Parmesan
Schnee von 5 Eiklar und 1 EL Zucker
20 in kleine Stücke geschnittene Krebse oder Shrimps, Hummer oder ähnliches

Krebsbutter, Weißbrot und Sauerrahm über dem Feuer zu einer festen Masse rühren. Stark überkühlen, würzen, nach und nach Eidotter einrühren.
Dann Krebsfleisch, Parmesan und Eischnee unterheben, in die Förmchen füllen und 12–15 Minuten bei mittlerer Hitze (170° –180° C) backen. Gleich servieren.

Als Saucen dazu eignen sich:
Krebssauce, Dillsauce oder Dillrahm.

Überbackener Mozzarella mit Basilikum

3–4 Portionen

300 g Mozzarella (3 Stück)
3 Tomaten, geschält und in Scheiben geschnitten
einige Blätter Basilikum
1/8 l Schlagobers, geschlagen
1 Eidotter
30 g geriebener Parmesan
Pfeffer aus der Mühle

Mozzarella in Scheiben schneiden. Auf einem Teller mit Tomatenscheiben und Basilikum arrangieren. Mit Pfeffer würzen. Geschlagenes Obers mit Eidotter und Parmesan verrühren, über den Mozzarella verteilen und im Rohr bei höchster Hitze überbacken.

Steinpilze „Lydia“

400 g Steinpilze, gewaschen, geputzt und blättrig geschnitten
50 g Zwiebel, fein gehackt
40 g Butter
1 TL griffiges Mehl
1/8 l Obers
Salz, Pfeffer, Zitronensaft
1 TL gehackte Petersilie
4 Scheiben Buttertoast
4 Scheiben leicht schmelzender Käse (z.B. Gouda)

Zwiebel in Butter andünsten, Pilze dazugeben und gut durchrösten. Salz, Pfeffer und Zitronensaft dazugeben, mit Mehl stauben und mit Obers aufgießen; cremig verkochen.
Buttertoast in eine flache Schüssel legen, die Pilze darauf verteilen, mit Käse abdecken und im heißen Rohr schmelzen lassen.

Kutteln

Streichkäse nach Liptauerart

200 g Topfen (40%)
100 g Butter
2 Knoblauchzehen, gepreßt
1 Essiggurkerl, fein gehackt
4 Essigkapern, gehackt
1 Bund Schnittlauch, geschnitten
1 TL Paprikapulver, edelsüß
1 TL Senf
evtl. Pfeffer

Zubereitung: Butter und Topfen schaumigrühren, mit allen Gewürzen mischen und abschmecken.

Sauerampferaufstrich

200 g Sauerampfer
(mit 1 Liter kochendem
Wasser überbrüht
und in Eiswasser abgefrischt)
150 g cremiger Topfen
150 g Butter
150 g gekochte, passierte Kartoffeln
Salz, Pfeffer
2 Stück gehackte Sardellen

Sauerampfer hacken. Topfen, Butter und Gewürze schaumigrühren, Kartoffeln dazugeben, alles glattrühren und den Sauerampfer untermischen.

Zuppa alla Pavese

4 Portionen

ca. 1 Liter kräftige Rindsuppe
4 Eier
4 runde Weißbrotscheiben, in Butter beidseitig gebacken
4 EL frisch geriebener Parmesan
Schnittlauch zum Bestreuen

Die Eier einzeln in Suppentassen schlagen, ohne die Dotter zu verletzen; einige Eßlöffel Suppe dazugeben und alles kurz in die Mikrowelle (ca. 1/2 Minute) stellen (das Eiweiß sollte gestockt sein). Mit kochender Suppe auffüllen, die Weißbrotscheiben darauf mit reichlich Parmesan bestreuen und im heißen Rohr leicht überbacken. Mit Schnittlauch garnieren.

Krebsenschöberl

als Suppeneinlage, z. B. für Rindsuppe

Zutaten für 6 Personen:

50 g Krebsbutter
50 g Butter
2 Eidotter
Schnee von 2 Eiklar
2 Schneidesemmeln
etwas Milch
etwas Krebsfleisch
Salz, Pfeffer, Muskat
Reibkäse
Butter und Mehl für die Form

Butter und Krebsbutter mit dem Dotter schaumigrühren. Die entrindeten, in Milch geweichten, ausgepreßten und passierten Semmeln beigeben; etwas Reibkäse dazugeben, vorsichtig würzen und den Schnee darunterziehen. Man kann zuvor noch etwas kleingeschnittenes Krebsfleisch in die Masse einrühren. In Wandeln oder einer Springform fertigen; wie Biskuitschöberl backen.

Minestrone „Milanese"

4 Portionen

1 Liter Rindsuppe
300 g gemischtes Wurzelgemüse, dreieckig geschnitten
40 g Öl
40 g durchzogener Speck in Würfeln
100 g Kohl, in der Größe des Gemüses geschnitten
1 Zwiebel, feingehackt
3 Knoblauchzehen, feingehackt
3 Tomaten, geschält, entkernt und in Würfel geschnitten
1 EL Tomatenmark
1 EL Reis (roh)
50 g Spaghetti (gebrochen)
150 g gekochte, weiße Bohnenkerne
Salz, Pfeffer, Oregano und Salbei

Zum Anrichten: Reichlich geriebener Parmesan und geröstete Weißbrotwürfel

Speck, Zwiebel und Knoblauch in Öl anrösten, Wurzelgemüse mitrösten; Kohl dazugeben, weiterrösten. Tomatenpüree beigeben und mit Rindsuppe aufgießen, alles ca. 12 bis 15 Minuten kochen. Dann Reis und Spaghetti sowie Gewürze dazugeben und weitere 10 Minuten kochen lassen. Zum Schluß Bohnenkerne und Tomatenwürfel beigeben. Mit Weißbrotwürfeln und geriebenem Parmesan servieren.

Minestrone

Schweinskoteletts in Österzolasauce

4 Portionen

4 Schweinskoteletts à ca. 150 g
Öl zum Braten

SAUCE:
120 g Österzola, 30 g Butter
2 Knoblauchzehen, feingehackt
1/4 l Kaffeeobers, Kräutersalz, Pfeffer

Die gewürzten Schweinskoteletts beidseitig saftig braten (je nach Stärke der Koteletts ca. 4 Minuten auf jeder Seite).

SAUCE:
Den Knoblauch in heißer Butter anrösten, Österzola darin schmelzen, mit Kaffeeobers aufgießen, aufkochen und zu einer cremigen Sauce verkochen. Über die Schweinskoteletts gießen.
Beilage: Reis

Stracciatella

4 Portionen

800 g Siederindfleisch (Schulterscherzel, mageres Meisel, Kavalierspitz), weich gekocht
Salz, Rindsuppe
8 EL Weißbrotbrösel, 8 EL geriebener Käse
frischer Schnittlauch, fein geschnitten

Rindfleisch tranchieren und auf Tellern anrichten. Salzen, mit Suppe übergießen und mit reichlich Bröseln und Käse bestreuen, mit Schnittlauch garnieren.

Dieses Gericht stammt aus der klassischen italienischen Küche und wird auch gerne als Zwischenmahlzeit gegessen.

Schweinsmedaillons „Parma"

4 Portionen

600 g Schweinsmedaillons (Filet)

ZUM PANIEREN:
3 Eier
griffiges Mehl
220 g geriebener Parmesan
Salz
400 g Öl zum Backen

Die Schweinsmedaillons klopfen, salzen und panieren (der gleiche Vorgang wie beim Wiener Schnitzel: Fleisch im Mehl wenden, durch die verschlagenen Eier ziehen, aber statt in Bröseln im Parmesan wenden, damit eine knusprige Käsepanier entstehen kann.
Im heißen Fett goldgelb backen. Mit Kartoffeln und verschiedenen Salaten servieren.

Gebackener Feta auf bulgarische Art

4 Portionen

400 g Feta, abgespült und grob zerdrückt
2 Tomaten, enthäutet, entkernt und gehackt
1 Paprikaschote, gehackt
100 g dünne Pfefferwürstchen,
in Scheiben geschnitten
60 g Butter, in Scheiben geschnitten
2 Knoblauchzehen, gehackt
4 Eier, verschlagen
1/4 l Joghurt (vom Schaf)
Salz, Pfeffer
4–5 kleine Chilischoten
etwas Paprikapulver

Feta, Tomaten, Paprikaschoten, Knoblauch und Pfefferwürstchen in 4–5 mit Butter ausgestrichene Formen oder Kaffeetassen verteilen, mit Butter belegen und im heißen Rohr bei ca. 180° C einige Minuten vorbacken. Dann die Chilis einlegen und mit der mit Pfeffer und Salz gewürzten Joghurt-Eiermasse begießen, mit etwas Paprikapulver bestreuen und weitere 10–12 Minuten backen. Heiß servieren.

Kutteln „goldgelb"

ca. 4–5 Portionen

1 kg weiß geputzte Kalbskutteln
ca. 1 1/4 l Wasser, 1 Bund Suppengrün
1 Zwiebel, gespickt mit 4 Nelken
2 Lorbeerblätter, 10 Pfefferkörner
Alles langsam ca. 1 1/2 Stunden kochen.

ANSCHLIESSEND BRAUCHT MAN:
2 Knoblauchzehen, fein gehackt
4 EL gehackte Petersilie
4 EL Pflanzenöl
150 g durchwachsenen Speck,
in dünne Streifen geschnitten
100 g (= 1 mittelgroße) Zwiebel,
in Ringe geschnitten
Salz, Pfeffer

ZUM SCHLUSS:
4 Eier, 120 g geriebener Parmesan

Die gekochten Kutteln in kleine Quadrate schneiden (ca. 3 cm Seitenlänge). Die Suppe seihen und bereitstellen. In 2 EL Öl den Knoblauch goldgelb rösten und die Petersilie aufschäumen lassen, dann abseihen.
Das verbleibende Öl und die restlichen 2 EL in einer Kasserolle erhitzen, Speck und Zwiebel anrösten, die Knoblauchmischung und die Kutteln beigeben. Mit Suppe untergießen, salzen, pfeffern und ca. 30 Minuten langsam garen. Nach dieser Garzeit sollte die Suppe größtenteils verdunstet sein.
Vor dem Servieren die Eier mit Parmesan verschlagen, über die heißen Kutteln gießen und unter öfterem Rühren leicht stocken lassen. Das Gericht sollte cremigen Charakter haben.

Apfelkrapfen aus Topfenblätterteig

Zutaten für etwa 10 Stück:

ca. 375 g Topfenblätterteig
120 g Äpfel mit Schale
20 g Rosinen
20 g Zucker
Zimt
Schale und Saft einer Orange

Ofentemperatur: 220° C
Backzeit: 15–20 Minuten

1. Topfenblätterteig auf 45 x 20 cm ausrollen und in 9 x 9 cm große Quadrate schneiden. Restteig nochmals ausrollen und kleine Rosetten ausstechen.
2. Die gereinigten Äpfel vom Kerngehäuse befreien und mit der Schale grob raffeln. Rosinen, Zucker, Zimt, Schale und Saft der Orange dazugeben und mischen.
3. Die Apfelfüllung auf die Quadrate aufteilen, die Ecken mit Wasser bestreichen. Zusammenlegen und mit der Rosette aus Restteig verschließen.
4. Nach einer kurzen Abstehzeit mit Wasser bestreichen und ins vorgeheizte Backrohr einschieben.
5. Nach dem Backen leicht mit Staubzucker überzuckern.

Gebackene Topfennockerln mit Himbeersaft

Zutaten für 12 Stück:

220 g Topfen (10 %)
4 Eier
30 g Zucker
50 g Sultaninen
200 g Mehl
geriebene Schale einer unbehandelten Zitrone
1 Packung Vanillezucker
2 EL Honig
Salz

400 g Backfett (Öl)
Himbeersaft (Sirup)
Zimtzucker zum Bestreuen

Topfen passieren und mit Eidotter und Geschmackszutaten stark schaumigrühren. Eiklar und Zucker zu festem Schnee schlagen und mit dem Mehl unter die Topfenmasse heben. Mit zwei Eßlöffeln Nockerln formen und im heißen Fett bei 170° C etwa 4 Minuten backen. Auf Küchenkrepp abtropfen lassen und auf Himbeersaft anrichten. Mit Zimtzucker bestreuen.

Apfelkrapfen aus Topfenblätterteig

Biskuitschüsserln mit Ribiseln

8 Stück

320 g rote Ribiseln, gewaschen und gerebelt
(8 Trauben zum Garnieren aufheben)
300 g Topfen, passiert

2 Eier
100 g Kristallzucker
abgeriebene Zitronenschale
(unbehandelte Frucht)
Vanillezucker
etwas Rum
1/8 l geschlagenes Obers
8 Stück Biskuitschüsserln (Fertigware)

Die Ribiseln mit etwas Zucker marinieren. Eier, Zucker und Geschmackszutaten über Dunst zunächst warm und dann kalt schlagen; mit dem Topfen glattrühren und das Obers unterheben.
In die Biskuitschüsserln etwas Topfencreme einfüllen, die Ribiseln verteilen und mit Topfencreme glattstreichen. Den Rest der Creme geschmackvoll aufdressieren, die Ribiseltrauben auflegen und leicht anzuckern.

Heidelbeer-Eiscreme

ca. 4 Portionen

250 g Heidelbeeren
2 Packungen Gervais

1/8 l geschlagenes Obers
1 Packung Vanilleeis
1/8 l Eierlikör
3 EL Haferflocken, mit Zucker geröstet

Heidelbeeren und Gervais mit dem Mixstab pürieren und ca. eine Dreiviertelstunde ins Kühlfach stellen.
Dann mit Eierlikör und Vanilleeis glattrühren. Das Obers unterheben und in Stielgläsern anrichten. Mit den Haferflocken bestreut servieren.

Weichselröster mit geschlagenem Topfen

ca. 4 Portionen

1/2 kg Weichseln, entkernt
5 EL Honig
2 EL Zitronensaft
2 EL Weinbrand
1 TL Zimt
Alles ca. 5 Minuten dünsten.

250 g Topfen (40 %), geschlagen
1 EL Honig
Vanillezucker
Zitronenschale
1 KL Zitronenmelisse, gehackt
1/8 l geschlagenes Obers

Melissenblätter zum Garnieren

Die gedünsteten Weichseln etwas überkühlen lassen, sie sollten aber noch warm serviert werden. Topfen mit dem Honig und den Geschmackszutaten mit einem Schneebesen stark aufrühren, er soll locker und luftig werden; gehackte Zitronenmelisse dazugeben, dann das geschlagene Obers unterheben.
In Dessertgläsern die gedünsteten Weichseln (Weichselröster) anrichten, den geschlagenen Topfen darübergeben und mit jeweils einer Weichsel sowie Melissenblättern garnieren.

Weichsel- oder Kirschenbecher auf Schwarzwälder Art

ca. 4–6 Portionen

400 g frische Kirschen oder Weichseln, entkernt
3 EL Zucker
etwas Kirschwasser
Saft einer 1/2 Zitrone
Alle Zutaten etwa 10 Minuten marinieren.

CREME:
1/2 l Milch
20 g Maisstärke (Maizena)
60 g Zucker
Mark von einer Vanilleschote
4 Blatt Gelatine (in kaltem Wasser gequollen und ausgedrückt)
200 g Topfen, cremig gerührt
3 EL Kirschwasser
1/4 l Schlagobers
Schokoladeraspeln oder -späne

Maisstärke mit etwas kalter Milch anrühren.
Restliche Milch mit Zucker und Vanillemark aufkochen, Maisstärke einrühren und 1–2 Minuten durchkochen. Gelatine darin auflösen und kaltrühren; Topfen und Kirschwasser beigeben, dann das geschlagene Obers unterheben.
In Stielgläsern Früchte und Creme schichtweise anrichten.
Mit Schokoladeraspeln garniert servieren.

Überbackene Schinkenfleckerln

Herbst

Appetit auf mehr?
Herbstliche Käsegenüsse –
nicht nur zum jungen Wein.

Kulinarisches und Biographisches

HERBSTGEDANKEN

Ich denke immer noch sehr gerne an die Zeit im *Kupferdachl* zurück.

Aber: Nachdem der Kommerzialrat Leupold dann in Pension gegangen war, war es nicht mehr so wie früher. Ich habe zwar auch noch mit den jungen Leupolds gearbeitet und bin dem Restaurant bis zum Jahre 1992 treu geblieben. Trotzdem war auch dort irgendwann der Zeitpunkt gekommen, zu dem ich wußte: Es muß sich wieder etwas ändern in meinem Leben.

Es gibt sie, diese Momente, in denen man ganz klar fühlt, daß Veränderungen angesagt sind. Große Ereignisse werfen ihre Schatten voraus, heißt es. Doch ich behaupte, es geht auch ohne Schatten; eine Vorahnung genügt.

Und wie immer in meinem Leben hatte mich das Gefühl nicht getäuscht.

Es war im Jahr 1985, als ich mit meiner Lehrtätigkeit im *Modul* aufhörte und dort anfing, wo ich nun schon seit vielen Jahren die Geschicke von rund 250 Schülern leite. Keine leichte Aufgabe, aber sehr abwechslungsreich: Ich sollte die Leitung der Gastgewerbefachschule der Wiener Gastwirte übernehmen!

Es begann mit einem Anruf.

Mein lieber Freund und Kollege, Professor Auerbeck, teilte mir mit, daß „am Judenplatz der Direktor ausgeschrieben" wäre! Nun sind wir ja in Österreich, und ich war sicher, daß es schon längst irgendwo einen Kronprinzen für diese Stelle geben mußte. Irrtum! Nach eingehenden Erkundigungen war klar, daß die Stelle tatsächlich „echt" ausgeschrieben war, und so bewarb ich mich um den Direktorposten. Damals war ich genau 40 Jahre alt – und es heißt ja so schön: Was man für sich erreichen will, sollte man bis 40 geschafft haben, danach wird's ungleich schwieriger ...

Alles, was ich in meinem bisherigen Leben gelernt und erarbeitet hatte, kam mir nun zugute. Die vielfältige Ausbildung und Praxis, Lehramtsprüfung, Konzessionsprüfung, Lehrtätigkeit ... es hat halt alles gepaßt. „Herr Zodl, Sie sind unser Mann!" war der Fachgruppenvorsteher Schneider überzeugt. Also begann ich im Herbst 1985 meine Tätigkeit als Direktor der Gastgewerbefachschule. Zuerst hatte es geheißen, ich könnte ein Jahr gemeinsam mit meinem Vorgänger absolvieren, um allmählich in die Arbeit „hineinzuwachsen". Dann war plötzlich nur mehr von einem halben Jahr die Rede, und schließlich vergingen ganze zwei Monate bis zur Pensionierung von Herrn Direktor Mayer. Trotzdem war's für mich kein Sprung ins kalte Wasser. Gleich am ersten Tag, an dem ich allein meines Amtes walten mußte, kam Herr Direktor Daller vom *Sacher* höchstpersönlich vorbei, um mir alles Gute zu wünschen. So etwas baut auf und macht Freude! Dann aber bin ich ein, zwei Tage dagesessen und habe überlegt: Was macht man alles als Direktor? Sicher nicht nur unterrichten, obwohl dies ein wichtiger Punkt war, den ich von Anfang

an klargestellt hatte: Das Wissen um Speisenkunde und Ernährungslehre wollte ich gerne selbst an die Schüler weitergeben – und so geschah es auch. Was aber noch passierte: Ein vermeintliches Verhängnis in Form eines unerwarteten Besuches überraschte mich bereits am dritten Arbeitstag. Die erste große Herausforderung in meinem neuen Beruf: Frau Landesschulinspektor Bellak-Schmid gab mir den Auftrag, unverzüglich einen neuen Lehrplan zu erstellen, denn „sonst kommt's nicht mehr in die Verordnung!" Was heißen sollte, daß das Schicksal unserer Schule von einem Tag auf den anderen an einem recht dünnen Faden hing.
Allerdings: Wie macht man einen neuen Lehrplan? Es galt also, unsere gesamten vorhandenen Lehrpläne zu reformieren und zu modernisieren, um sie den Bundeslehrplänen anzupassen und damit wieder regelkonform zu machen.
Ich griff zu einer einfachen, aber wirksamen Methode. Ich rief die dienstältesten Lehrer aus sämtlichen Bereichen zu mir und sagte ihnen ehrlich: „Ich weiß, was wir können müssen (laut Verordnung) – aber ich weiß nicht, wie wir dorthin kommen! Richten Sie also am besten die Lehrpläne nach Ihren eigenen Vorstellungen, und dann besprechen wir das Ergebnis!"

Die Situation hatte in Wahrheit einen großen Vorteil – denn so konnten wir alle von Beginn an **miteinander** arbeiten. Hand in Hand damit ging außerdem ein intensives Auseinandersetzen mit dem gesamten Lehrstoff. Noch dazu hatten wir nur knappe drei Monate Zeit: Ende Jänner sollte der neue Lehrplan stehen! Was unser Team natürlich geschafft hat – der Lohn für die Mühe war nicht nur eine erstklassige Adaptierung des Unterrichtsstoffes an die neuen Anforderungen, sondern auch die Genehmigung seitens des Rechtsträgers.
Man wächst also mit der Aufgabe, und nicht nur das. Neue Ideen sind gefragt, und Innovation muß nicht nur seitens des Bundes angeregt werden. So ist zum Beispiel in mir die Idee gereift, eine Spezialrichtung „Service" bei uns einzuführen und außerdem die Spezialrichtung „Patisserie" zu schaffen – beides gibt es nun seit einigen Jahren bei uns, und die Lehrpläne dazu habe ich sehr gerne geschrieben. Mein „jüngstes Kind" ist der drei Jahre dauernde Aufbaulehrgang für Tourismus, der mit Matura und der Berufsbezeichnung „Tourismusfachmann" abgeschlossen werden kann. In Zeiten wie diesen sicher eine zukunftsweisende Ausbildungsmöglichkeit! (Die anderen 14- bis 15jährigen, die bei uns in die Schule gehen, sind nach drei Jahren Koch, Kellner oder Gastgewerbekaufmann.)
Diese Beispiele zeigen, wie alles rasch mehr geworden ist: höherer Aufwand, mehr Verwaltung, eine größere Lehrerschaft – aber viel Arbeit hat mich noch nie gestört. Und Herausforderungen sind dazu da, um angenommen zu werden: Das macht unser Leben spannend und lebenswert!
Und heute?
Der Tag beginnt für mich spätestens um 5.45 Uhr. Dann nämlich wollen meine (übrigens ziemlich großen) Katzen Mucki und Murli gefüttert werden. Danach werden die Fische gefüttert, und die restliche Zeit ist für die „üblichen" morgendlichen Tätigkeiten vorgesehen.
Um 7. 30 Uhr beginnt mein Tag in der Schule. Montags gibt es eine Besprechung mit dem Administrator und dem Fachvorstand, bei der die Koordination von Veranstaltungen, Terminen, aber auch Supplierungen für die ganze Woche erfolgen muß. Bankette im Haus sind ebenso selbstverständlich für uns, wie es etwa die Präsentation des letzten Witzigmann-Kochbuches war, zu der nicht weniger als 75 Presseleute kamen. Alles hat

wunderbar geklappt, und das fünfgängige Menü, das wir nach Rezepten aus Witzigmanns Buch zubereitet hatten, schmeckte allen vorzüglich. Allein die mit Honig glasierten Frischlingsschinken – eine Delikatesse! Gleichzeitig war ausgerechnet zum selben Termin „Tag der offenen Tür" bei uns – und trotzdem war ein reibungsloser Ablauf garantiert. Ich habe ein wunderbares Team, das die Zusammenarbeit auch in sehr stressigen Zeiten zum Vergnügen macht. Nur so kann's funktionieren!

Neben größeren und kleineren Veranstaltungen und natürlich dem täglichen regulären Unterricht sind jede Menge Administrationsarbeiten zu erledigen. Es gibt immer wieder Besprechungen mit den Kollegen, anfallende Probleme sind zu lösen – ich bin daher besonders froh, Helga Preis bei mir im Sekretariat zu haben, die die Geschicke des Hauses schon seit 27 Jahren mitverfolgt, koordiniert und überwacht.
Und oft haben die „Kinder" (im Alter zwischen 14 und 24 Jahren) große und kleine Probleme, die natürlich immer sofort gelöst werden müssen. Auch deshalb gibt es bei mir keine geschlossene Tür. Das hat den Vorteil, daß ich immer für alle da sein kann – allerdings zieht dies gleichzeitig ein dauerndes Aus und Ein nach sich. Was andere garantiert äußerst nervös machen würde, für mich aber längst zum Alltag gehört. Der Blick in das große Aquarium (denn ich habe auch in meinem Büro eines stehen) beruhigt ungemein und ist immer wieder so eine Art „Fels in der Brandung". Was ich mir keinesfalls nehmen lasse, ist das persönliche Unterrichten. Jeweils am Dienstag, Mittwoch und Freitag bin ich in meinen Klassen und versuche, den Schülern das notwendige Wissen über Speisenkunde, Theorie und Praxis in der Backstube (also etwa die verschiedenen Formen des Blätterteiges und ihre entsprechende Anwendung) sowie die Grundlagen des Gastronomie-Managements beizubringen.
Dabei ist nicht nur das Kochen einer meiner wesentlichen Lebensinhalte, sondern auch die Dichtkunst. Ich liebe Gedichte – Josef Weinheber zum Beispiel hat wunderschöne Lyrik geschrieben – und verbinde gerne Kulinarisches mit Poesie. Deshalb bringe ich auch gerne in meinen Menü-Präsentationen Gedichte unter. Das war vermutlich auch einer der Gründe, weshalb mich der „Wien-Tourismus" im Sommer 1996 zu Pressekonferenzen nach Köln und Frankfurt eingeladen hat! Derlei Termine machen meinen ohnedies nicht sehr ruhigen Tagesablauf noch zusätzlich spannend. Nach dem Vormittagsunterricht in der Schule ab zum Flughafen, um 13.30 Uhr Abflug nach Frankfurt, um 18.00 Uhr dort die erste Pressekonferenz; dann am nächsten Tag am Vormittag mit dem Zug nach Köln, um dort am Abend die zweite Pressekonferenz zu absolvieren.
Am Freitag um 10.00 Uhr bin ich dann wieder pünktlich in Wien vor meinen Schülern gestanden – also, fad wird mir bestimmt nie!

Einkaufstips für herbstliches Käsevergnügen

September

MILD:
Boursault, Camembert, Charolles, Emmentaler, junger Gouda
WÜRZIG:
Appenzeller, Cantal, Chabichou du Poitou, Edamer, Tomme de Savoie
PIKANT:
Bleu d'Auvergne, Münsterkäse, Picodon de l'Ardèche, Romadur

Oktober

MILD:
Emmentaler, Gouda, Greyerzer Käse, Mimolette
WÜRZIG:
Brie, Camembert, Gruyère de Comté, Morbier, Reblochon
PIKANT:
Bleu des Causses, Livarot, Münsterkäse

November

MILD:
Brie, Boursin, Caciocavallo, Camembert, Caprice de Dieux
WÜRZIG:
Cantal, Gruyère de Comté, Fourme d'Ambert, Saint-Nectaire, Tomme de Savoie
PIKANT:
Beaufort, Bleu de Bresse, Münsterkäse, Roquefort

Cottage Cheese als Zwischenmahlzeit

4 Portionen

250 g Cottage Cheese
100 g Äpfel, säuerlich, geschält und in kleine Stücke geschnitten
100 g Avocado (1 Stück), das Fruchtfleisch erbsengroß geschnitten
1 EL gehackte, geröstete Walnüsse
1 EL heiß abgeschwemmte Sultaninen
etwas Orangen- und Zitronensaft
eventuell etwas Honig

Alle Zutaten locker mischen und kalt servieren.

Chester-Kekse

250 g Mehl
300 g geriebener Chesterkäse
200 g Butter
1 Ei
Salz
1 TL Paprika
Ei zum Bestreichen

Ofentemperatur: 170° C
Backzeit: ca. 10 Minuten

Alle Zutaten zu einem Teig verarbeiten. Ca. eine Stunde rasten lassen, ausrollen, mit gezacktem Ausstecher kleine Kekse ausstechen, mit Ei bestreichen und backen.

Frischer Schafkäse mit Ahornsirup und Weintrauben

100 g frischer, weicher, österreichischer Schafkäse
2 EL Ahornsirup
einige Weintrauben

Auf einem Teller gemeinsam servieren, dazu frisches Weißbrot reichen.

Roquefort-Schaumtörtchen

zum Aperitif für 8–10 Personen

25 kleine Blätterteigtörtchen
250 g Roquefort
50 g Butter
120 g geschlagenes Obers
Salz und Pfeffer

Den Roquefort durch ein Sieb streichen und mit der Butter glattrühren. Obers unterheben, mit Salz und Pfeffer würzen. Mit glatter Tülle in die kleinen Blätterteigtörtchen dressieren.

Roquefort-Schaumtörtchen

Käsezwiebach

500 g Mehl
40 g Germ
Milch

120 g Butter
2 Eier
200 g geriebener Parmesan
Salz

Mit Mehl, Germ und Milch ein herkömmliches Dampfl ansetzen.
Butter schaumigrühren, Eier nach und nach beigeben, Parmesan einrühren. Alle Zutaten zu einem glatten Teig verarbeiten. 2 x einfach einschlagen.
Schmale Stangen formen (ca. 3 cm Durchmesser), gehen lassen und backen.
Einen Tag stehen lassen, dann in leicht schräge Scheiben schneiden und im Rohr zu Zwieback goldgelb bähen. In Dosen verpackt lagern.
Dieser Zwieback eignet sich für Kaviar-Kanapees oder Lachsschnitten sowie als Beilage zur Bouillon.

Försterschnitten

für 5 Personen

5 Scheiben Schwarzbrot, getoastet
150 g Rohschinken, in Scheiben geschnitten
250 g Emmentaler in Scheiben
400 g Eierschwammerln, Steinpilze und Austernpilze
1 Schalotte, gehackt
40 g Butter
20 g Mehl
1 dl Weißwein
1 dl Bratensauce
1dl Rahm
Majoran, Salz und frisch gemahlener Pfeffer aus der Mühle
ein wenig gehackte Petersilie
5 halbe Birnen, ungeschält, in Sirup gekocht

Die Brotscheiben mit Schinken bedecken. Pilze und Schalotte in Butter andämpfen, würzen, mit Mehl bestäuben, Weißwein und Bratensauce dazugeben und 5 Minuten köcheln lassen. Majoran und Rahm beifügen, kurz aufkochen und abschmecken.
Drei Viertel der Pilzsauce über die Schnitten verteilen, je eine feine Scheibe Rohschinken und Käse darüberlegen und leicht gratinieren. Mit Petersilie garnieren und mit den heißen, fächerförmig geschnittenen Birnen anrichten (gute Kochbirnen verwenden!).

Käsekrapfen auf englische Art mit Blattspinat

200 g geriebenes Weißbrot
250 g geriebener Parmesan
Salz, Muskat und etwas Paprika
150 g Butter
4 Eidotter

Ei und Brösel zum Panieren
Öl (oder Butter) zum Herausbacken

Alle Zutaten gut abrühren und eine Stange formen (ca. 3 cm Durchschnitt), kühlstellen.
Die Stange in ca. 1 cm dicke Scheiben schneiden und in Ei und Bröseln panieren. Dann in Butter oder Öl goldgelb beidseitig backen. Auf gekochtem Blattspinat servieren.

BLATTSPINAT:
1 Packung Blattspinat (tiefgekühlt)
40 g Butter
2 Zehen Knoblauch, gehackt
Salz, Pfeffer

Den aufgetauten Blattspinat abtropfen lassen und in heißer Butter mit den Gewürzen und dem Knoblauch 3–4 Minuten dünsten.

Paradeiswürzbissen

für 6 Personen

6 Scheiben Spezialbrot:
Sonnenblumenkern-, 6-Korn-, Kürbiskernbrot oder ähnliches
6 mittelgroße Paradeiser, kurz überkocht und geschält
Salz, Pfeffer
Butter zum Bestreichen
6 Scheiben Räucherkäse

Die Brotscheiben leicht entrinden, mit Butter bestreichen. Die Paradeiser in dünne Scheiben schneiden und auf die Brote verteilen, salzen, pfeffern. Mit Räucherkäse abdecken und im Rohr bei starker Hitze überbacken. Heiß servieren.

Kalte Camembert-Pastetchen

zum Aperitif für 8–10 Personen

25 Stück Blätterteig-Pastetchen
250 g reifer Camembert
50 g Butter
120 g geschlagenes Obers
Salz
scharfer Paprika
25 Stück blaue Trauben

Den Camembert durch ein Sieb streichen, mit Butter glattrühren; mit Salz und scharfem Paprika würzen, Obers unterheben und die Mischung mit glatter Tülle in die Pastetchen eindressieren. Mit den Trauben garnieren.

Haluska

(als Beilage zu Spanferkelpörkölt)

180 g griffiges Mehl
2 Eier
Salz
Mehl zum Ausrollen

120 g Hamburger Speck
60 g Schweineschmalz zum Rösten
1/8 l Sauerrahm
120 g trockener Topfen

100 g Zwiebel

Aus Mehl, Eiern und Salz einen Nudelteig herstellen. Breite Streifen schneiden, beliebig zupfen, kochen und abfrischen.
Speck und Zwiebel in kleine Streifen schneiden, auslassen (also in der heißen Pfanne glasig rösten) und warmstellen. Nudelfleckerln mit Speckfett und Schmalz durchschwenken und salzen.
Rahm und die Hälfte des Topfens dazugeben und mit der Gabel darunterziehen. Beim Anrichten den restlichen Topfen und die Speckstreifen darüberstreuen.

Als Vitaminbeilage beliebige Blattsalate mit Essig-Öl-Marinade reichen.

Blätterteig-Käse-Torte

(die Torte für Kenner!)

4–6 Portionen

250 g reifer Brie (oder ähnlicher Käse)
1/8 l Obers
3 Eier, gut schaumiggerührt
1 TL Honig
1 TL Ingwer, fein geschnitten
einige Safranfäden, in
3 EL Weinbrand ca. 10 Minuten eingeweicht
Salz, Pfeffer

Blätterteig (Fertigware)
1 reife Birne, geschält und dünnblättrig geschnitten
50 g Pistazien (oder andere Nüsse)

Eine Tortenform von ca. 18–20 cm Durchmesser mit Blätterteig auslegen; 20 Minuten rasten lassen, oft mit einer Gabel einstechen und dann ca. 12 Minuten bei 220° C vorbacken.
Abkühlen lassen, dann mit Birnenblättern belegen und mit Pistazien bestreuen. Die Käsemasse dazugeben und alles nochmals ca. 20 bis 25 Minuten backen. Heiß servieren.

KÄSEMASSE

Brie von der harten Rinde befreien und in einem Kessel mit Obers im Wasserbad schmelzen. Honig und Eier dazugeben, die Gewürze beifügen und abschmecken.

Haluska

Gebratene Birnen mit Gervaiscreme

4 Portionen

2 große, reife Birnen
etwas Butter zum Braten
Staubzucker

GERVAISCREME:
200 g Gervais
1EL gehackte Pistazien (oder Mandeln)
etwas Zimt
Zitronensaft
2 Blatt Gelatine
2–3 EL heißes Wasser oder Milch
1/8 l geschlagenes Obers

Honig
eventuell Kompottkirschen zum Garnieren

Gervais glattrühren, Geschmackszutaten sowie Pistazien dazugeben.
Gelatine ca. 10 Minuten in ganz kaltem Wasser quellen lassen, ausdrücken und in ca. 2–3 Eßlöffel heißem Wasser oder Milch auflösen. Rasch unter den Gervais rühren, geschlagenes Obers unterheben und kaltstellen.
Birnen schälen und das Kerngehäuse entfernen. Die dicke Seite vorsichtig in Fächer schneiden, leicht anzuckern und beidseitig in Butter braten. Mit einem feuchten Löffel aus der Gervaismasse zwei Nockerln pro Person formen, auf den Teller setzen, die warmen Birnen dazugeben und mit Honig dünne Fäden darüberziehen. Mit Kirschen garnieren.

Birnen zu Brot und Wein

4 Portionen

4 halbe, vollkommen reife Birnen (geschält)
4 Packungen Kräutergervais
80 g Butter
120 g Rohschinken, in Streifen geschnitten und geröstet
8 Radieschen, in feine Streifen geschnitten
einige Essigkapern
grüne und schwarze Oliven nach Geschmack

Butter und Gervais stark schaumigrühren, eventuell mit Salz und Pfeffer nachwürzen. Auf Tellern – in der Mitte erhaben – anrichten, mit zarten Birnenspalten sternförmig umlegen und mit Kapern, Radieschenstreifen und Oliven garnieren. Die gerösteten Rohschinkenstreifen erst in letzter Minute warm darüberstreuen.

Der bayrische „Obatzte"

1 reifer Camembert
50 g reifer Romadur
40 g Zwiebel, fein gehackt
40 g frische Butter

Alles gut mit der Gabel zerdrücken. Dann mit geschrotetem Pfeffer, edelsüßem Paprika, Kümmel sowie kleingeschnittenen roten und grünen Paprikaschoten würzen.
Nach herkömmlicher Rezeptur kann auch ein Eidotter unter die Masse gemischt werden.
Dazu dunkles Brot und natürlich kühles Bier servieren!

Rahmsuppe mit Bohnensterz

Zutaten für 4–6 Personen:

SUPPE:
1 l Wasser oder Rindsuppe
1 EL gehackter Kümmel
3/8 l Sauerrahm
3 EL Mehl
Salz

BOHNENSTERZ:
250 g weiße Bohnenkerne
1/2 l Kochwasser
250 g Mehl
100 g Schmalz
Salz, Lorbeerblatt, Knoblauchzehen

SUPPE

Rindsuppe mit Kümmel aufkochen, Sauerrahm mit Mehl abrühren und in die Suppe einrühren, durchkochen lassen.

BOHNENSTERZ

Die weißen Bohnenkerne 24 Stunden in reichlich Wasser einweichen. Im selben Wasser zusammen mit Lorbeerblatt, Knoblauchzehen und Salz weichkochen. Wenn nötig, Wasser nachgeben. Mehl in einer Pfanne binden (trocken braun rösten) und mit Bohnenwasser aufgießen, so daß ein Klumpen entsteht. Mit heißem Schmalz brennen (übergießen). Die Bohnen dazugeben und stark zerstoßen. Nachrösten. Getrennt zu Tisch bringen.

Alphüttensuppe

als Hauptspeise für 5–6 Personen
Zubereitungszeit: 1 1/4 Stunden

400 g Kartoffeln, geschält und in Würfel geschnitten
60 g Butter
60 g Spinat (wenn möglich wilder Spinat)
60 g Trockenbohnen, eingeweicht
400 g Gemüse, grob geschnitten (zu gleichen Teilen weiße Rüben, Zwiebel, Karotten und Lauch)
2 l Rindfleischsuppe

60 g Makkaroni, in kleine Teile gebrochen
1/2 l Milch
Salz, Pfeffer, Muskat

2 dl Rahm
100 g Greyerzer Käse, gerieben

30 g Schnittlauch, fein geschnitten

Das Gemüse in Butter glasig dämpfen. Rindsuppe und die abgetropften Bohnen beifügen, würzen und 50 Minuten köcheln lassen.
Mit Makkaroni und Milch weitere 10 Minuten kochen und mit den Gewürzen abschmecken. Zuletzt Rahm und Käse dazugeben und mit Schnittlauch bestreuen.
Diese Suppe ist so ausgiebig, daß sie in der Regel als Hauptgericht gereicht wird!

Käsesuppe

für 5 Personen

250 g altbackenes Brot, gewürfelt
100 g Butter

300 g Sbrinz, gerieben
1 l Rindsuppe (schwach gesalzen)
100 g Zwiebel, feingehackt
je 10 g Petersilie und Schnittlauch, gehackt
frisch gemahlener Pfeffer
(kein Salz!)

Das in warmem Wasser eingeweichte Brot gut ausdrücken und in der Hälfte der Butter anziehen lassen.

Die Hälfte des Käses daruntermischen, mit einer Spachtel gut verrühren und pfeffern.

Den Zwiebel in der restlichen Butter glasig dämpfen und über die Suppe streuen, mit gehackten Kräutern garnieren.

Die Brot-Käse-Mischung in tiefen Suppentellern anrichten, den übrigen Käse darauf verteilen, die heiße Suppe darübergießen und sofort servieren.

Käsesuppe

Gebackene Kartoffeln mit Mais und Garnelen

4–6 Portionen

4 Eier
1/8 l Obers, verschlagen
250 g mehlige Kartoffeln
(kochen und sofort grob zerdrücken)
150 g Zuckermais, gekocht (Tiefkühlware)
250 g Garnelen, geschält, geschnitten und in
1 EL Olivenöl einige Minuten geröstet
3 EL Petersilie, gehackt, dazugeben
60 g Zwiebel, gehackt und kurz in
4 EL Olivenöl angedünstet

Salz, Pfeffer und Harissa
Parmesan zum Bestreuen und Ausstreuen
4–5 kleine Auflaufformen mit Butter
ausstreichen und mit Parmesan ausstreuen.

Alle Zutaten locker mischen, würzen und abschmecken, Harissa in 3 EL Wasser anrühren und beigeben. Diese Masse in die vorbereiteten Formen füllen, mit Parmesan bestreuen und im heißen Rohr bei ca. 180° C ungefähr 15 Minuten lang backen.
In der Form oder gestürzt mit kleinen Salaten servieren.

Münster-Kartoffeln mit Speck

4–6 Portionen

ca. 600 g Kartoffeln (in Salzwasser kochen,
schälen, abkühlen lassen)
60 g Zwiebel, gehackt und kurz angeröstet
200 g reifer Münsterkäse
Salz, Pfeffer
60 g Schmalz oder Butter, Öl etc.
12 Scheiben Hamburger Speck,
knusprig gebraten

Kartoffeln reißen oder klein hacken, würzen und mit dem Zwiebel vermischen. In einer heißen Pfanne einen Teil vom Schmalz erhitzen und die Hälfte der Kartoffeln hineindrücken.
Münsterkäse in Scheiben schneiden und auf den Kartoffeln verteilen. Mit den restlichen Kartoffeln abdecken und unter Beigabe des noch vorhandenen Fettes beidseitig langsam knusprig braten.
Beim Servieren mit heißen, gebratenen Speckscheiben belegen.
Als Beilagen eignen sich Sauerkraut oder Blattsalate.

Hammel- oder Lammkarree mit Käse

Hammel- oder Lammkarree
Salz, Pfeffer
100 g Greyerzer Käse oder Parmesan

Das Fleisch von Sehnen und Fett befreien.
Hammel- oder Lammkarree salzen und pfeffern; kurz anbraten.
Mit den Rippen voran in eine große Pfanne legen, reichlich mit geriebenem Greyerzer Käse oder Parmesan bestreuen.
Im vorgeheizten Rohr bei guter Oberhitze (ca. 200° C) fertigbraten.
Der Käse sollte vor dem Servieren geschmolzen oder gebräunt sein!

Beilage: Gedünstete Tomaten sowie Rahmkartoffeln.

Überbackene Schinkenfleckerln

30 g Butter
30 g Mehl
100 g Milch (ca. 1/8 l)

3 Eidotter
150 g Schinken, feinwürfelig geschnitten
120 g Nudelfleckerln, in sprudelndem Salzwasser ca. 1 Minute gekocht
50 g Sauerrahm (2 EL)
Salz, Pfeffer, Muskat

3 Eiklar
Butter zum Ausstreichen der Auflaufform
30 g Parmesan zum Bestreuen

Zubereitung: Aus Butter und Mehl eine helle Einmach bereiten; diese mit Milch aufgießen, glattrühren und durchkochen. 15 Minuten zur Seite stellen.
Eidotter, Schinken, Fleckerln und Sauerrahm einrühren; mit Salz, Pfeffer und Muskatnuß würzen.
Eiklar zu Schnee schlagen und unterheben.
Die Masse in eine Auflaufform füllen, glattstreichen und mit Parmesan bestreuen.
Bei 180° bis 200° C im vorgeheizten Rohr ungefähr 25 Minuten backen.

Österzola-Kartoffeln

4–6 Portionen

1 kg rohe Kartoffeln (festkochend), geschält, in 2–3 mm dicke Scheiben geschnitten und abgetropft
1 mittlere Zwiebel (100 g), feingehackt
4 Knoblauchzehen, feingehackt
1 TL Majoran, zerrieben
120 g Österzola, zerbröckelt
Salz, Pfeffer, Eidotter
30 g Butter

ÜBERGUSS:
80 g Butter
1/8 l Obers
60 g Österzola
1 Eidotter
Butter zum Ausstreichen
1 feuerfeste Schüssel, Alufolie

Zwiebel und Knoblauch in Butter leicht anrösten. Die Kartoffeln mit den Zutaten mischen, die Mischung in die feuerfeste Form füllen, mit Alufolie abdecken und im heißen Rohr bei ca. 180° C mindestens eine Stunde garen lassen. Dann die Folie entfernen.

ÜBERGUSS
Butter aufschäumen, Österzola darin schmelzen, mit Obers verkochen, kurz überkühlen. Dann den Eidotter einrühren und alles über die Kartoffeln gießen, nochmals ins Rohr geben und ca. 20 Minuten überbräunen.
Schmeckt hervorragend zu Schweinskoteletts oder -medaillons, Lammfleisch und Kohlgerichten.

Käsehäppchen auf knusprigen Kartoffelpuffern

ca. 4 Portionen

4 große Kartoffeln (festkochend), geschält, grob geraffelt, abgetropft, aber nicht gewaschen
1TL frischer Thymian
1 Ei
1 EL Sauerrahm
Salz und Pfeffer
40 g Öl
80 g Butter zum Backen
Käse

Das Ei mit dem Sauerrahm verschlagen, würzen und mit den Kartoffeln mischen. In einer antihaftbeschichteten Pfanne dünne Puffer beidseitig backen und danach auf einem Blech im Rohr bei ca. 150° C knusprig werden lassen. Heiß mit Käse belegen, Käse leicht schmelzen lassen und noch warm servieren.

VORSCHLÄGE FÜR DEN KÄSEBELAG:
Brie mit gestoßenem Pfeffer
Ziegenkäse mit Preiselbeeren
Blauer Castello mit Birnen
Münsterkäse mit Speckwürfeln
Gervais mit Paprikaschoten
Schafkäse mit frischen Kräutern („Rotes Schaf“)
Camembert mit gehackten Walnüssen
Raclette mit Olivenstücken

Käsehäppchen auf knusprigen Kartoffelpuffern

Topfenpalatschinken

für 4 Personen

PALATSCHINKENTEIG:
200 g glattes Mehl
1 Eigelb
2 Eier
375 g Milch
Salz

1. Alle Zutaten zu einem glatten Teig verarbeiten.
2. Quellen lassen.
3. Die Palatschinken in einer Pfanne auf beiden Seiten backen.

TOPFENFÜLLE:
250 g Topfen
75 g Staubzucker
30 g flüssige Butter
10 g Cremepulver
Salz
Vanillezucker
Alle Zutaten glattrühren.

WEINZABAIONE:
125 g Weißwein
30 g Kristallzucker
3 Eidotter
1 Ei
Alle Zutaten über Dampf schaumig schlagen.

1. Die fertigen Palatschinken mit der Topfencreme bestreichen.
2. Dreieckig zusammenklappen, auf einen Teller legen, mit Weinzabaione nappieren.
3. Im Salamander gratinieren.

Mascarpone oder Mascarino mit Himbeeren

ca. 4 Portionen

4 dünne Scheiben Biskuitroulade
etwas Grand Marnier oder Maraschino zum Tränken
250 g Mascarpone oder Mascarino
1/8 l Joghurt
Zitronensaft, Vanillezucker
2 EL Staubzucker
250 g frische Himbeeren, gewaschen
Staubzucker zum Anzuckern
Minzeblätter zum Garnieren

Die Biskuitroulade in Portionsschüsseln oder Gläser geben, etwas tränken. Den glattgerührten Mascarpone mit Zitronensaft, Vanillezucker und Staubzucker abschmecken, über die Roulade verteilen und ca. zwei Stunden kaltstellen. Kurz vor dem Servieren die Himbeeren aufteilen, anzuckern und mit Minze garnieren.

Topfen-Semmelknödel mit Zwetschkenröster

6–8 Portionen

6 altbackene Semmeln, in kleine Würfel geschnitten
1/4 l Sauerrahm
3 EL Milch
120 g Butter
Salz
1 Packung Vanillezucker
abgeriebene Zitronenschale
4 Eier
120 g Mehl
300 g Topfen, passiert
ca. 150 g Butter
150 g Brösel, mit Butter geröstet
Staubzucker zum Anzuckern

Die Semmelwürfel mit Milch und Sauerrahm anfeuchten und ca. 20 Minuten ziehen lassen. Butter mit Geschmackszutaten schaumigrühren. Abwechselnd Eier und Mehl beigeben. Topfen dazugeben und glattrühren. Zum Schluß die eingeweichten Semmeln unterheben.
Knödel formen und im Salzwasser ca. 15 Minuten kochen. Mit einem Schaumlöffel herausheben, kurz in kaltes Wasser tauchen und in Butter und Bröseln wälzen. Mit Staubzucker bestreuen.

BEILAGE:
Zwetschken-, Weichsel- oder Marillenröster

ZWETSCHKENRÖSTER:

500 g vollreife, entsteinte Früchte
200 g Kristallzucker
Saft einer Zitrone
1 Stück Zimtstange
1 Stück Zitronenschale, mit 3 Nelken gespickt
1/8 l Wasser oder Weißwein

Die Früchte mit Zucker bestreuen und ca. eine Stunde ziehen lassen. Dann mit den restlichen Zutaten langsam dünsten, bis das Fruchtfleisch etwas zerfällt und die Schalen sich einrollen.

Käsekrapfen nach Talleyrand mit glasierten Trauben

ca. 10 Portionen

1/4 l Milch
125 g Butter
250 g Mehl
6–7 Eier
125 g Bergbaron, kleinwürfelig geschnitten
Salz, Muskat, grober Pfeffer und Paprika
Öl oder Butterschmalz zum Backen

GLASIERTE TRAUBEN:
500 g Muskattrauben, geschält, entkernt
30 g Butter
3 EL Honig
Saft von einer halben Zitrone

Butter mit Honig aufkochen und die Trauben darin schwenken, mit Zitronensaft leicht säuern. Milch, Butter und Salz aufkochen. Mehl einrühren und am Feuer rösten, bis der Teig leicht glasig wird und sich vom Geschirr löst. In einen Kessel umleeren, mit Pfeffer, Muskat und Paprika würzen.
Die Eier einzeln einrühren, dann den geschnittenen Bergbaron. Mit zwei befeuchteten oder geölten Löffeln ca. 20–22 Nocken formen und im heißen Fett goldgelb backen. Mit den glasierten Trauben servieren.

Käse-Fanchonetten

8–10 kleine Portionen

8–10 Tartellenformen
(mit dünn gerolltem Blätterteig auslegen)

FÜLLCREME:
1/4 l Sauerrahm
50 g Mehl
50 g zerlassene Butter
100 g geriebener Käse (jeder ist möglich)
5 Eidotter
Salz, Muskat, etwas Paprika

1/8 l geschlagenes Obers

Die Zutaten der Füllcreme zu einer dicklichen Masse rühren. Das geschlagene Obers unterheben und alles in die mit Blätterteig ausgelegten Förmchen füllen. Bei mittlerer Hitze (ca. 180°–190° C) backen. Heiß servieren.

Käse-Fanchonetten

Birne nach Franz

4 Portionen

200 g weiße Schokolade
4 halbe, geschälte, in Weißwein und Zucker gedünstete Birnen
200 g Mascarpone
2 Blatt Gelatine, in kaltem Wasser gequollen und in
3 EL Orangenlikör aufgelöst
8 Biskotten
Schlagobers und Minzeblätter zum Garnieren

200 g Brombeeren (auch Tiefkühlware)
50–70 g Zucker, Zitronensaft

Die Schokolade schneiden und über Dunst zergehen lassen. Nicht sehr warm werden lassen. Den Kessel in kaltem Wasser abkühlen. In die Schokolade nach und nach Mascarpone einrühren und rasch die Gelatine beigeben.
Biskotten einige Male brechen und in Gläser verteilen. Mit Zitronensaft beträufeln, so daß sie gut saftig sind. Die Creme einfüllen, sie soll eine ganz glatte Oberfläche haben.
Einige Stunden kühlstellen. Dann je eine Birne aufsetzen, mit Brombeersauce nappieren, mit Schlagobers und Minzeblättern garnieren.

BROMBEERSAUCE

Die reifen Brombeeren mit dem Mixstab pürienen, passieren, zuckern und mit Zitronensaft abschmecken. Es kann auch hier etwas Likör beigegeben werden.
Mit der Creme servieren.

La Belle et la Bonne

(Baltischer Nachtisch)

ca. 4 Portionen

1/4 l Sauerrahm, 1/4 l Joghurt
1 Becher süße Creme fraîche
Sultaninen, Pumpernickel
1/16 l guter Himbeersaft

Alles gut schaumig schlagen.
1 Mokkatasse gewaschene, weiche Sultaninen sowie 1 Kaffeetasse kleingeschnittenen Pumpernickel der schaumigen Masse beigeben, 2–3 Minuten kaltstellen und dann servieren.

Schokoladen-Kaffeecreme mit Mascarpone

ca. 4 Portionen

100 g Milchschokolade, klein geschnitten
2 Eier, zimmerwarm
(nicht direkt aus dem Kühlschrank!)
80 g Zucker, 1 EL Löskaffee
50 g Zucker, 300 g Mascarpone
1/8 l geschlagenes Obers
Mark einer Vanilleschote
3 EL Kaffeelikör

Die Eier mit Vanillemark und Zucker über Dunst dickcremig aufschlagen. Die Milchschokolade und den Löskaffee darin auflösen und alles kaltrühren. Mascarpone, Schlagobers und Kaffeelikör einrühren und die Creme in hochstielige Gläser füllen. Einige Stunden kaltstellen. Mit kleinen Bäckereien servieren.

Topfenblätterteig

(Grundrezept)

125 g Mehl
125 g Topfen
1 Prise Salz
Backpulver
125 g Butter

1. Alle Zutaten (außer der Butter) gut vermischen; zum Schluß die Butter in größeren Flocken beigeben und durchkneten.
2. Der Teig bekommt drei einfache Touren mit kleineren Rastzeiten dazwischen.
3. Den fertigen tourierten Teig am besten über Nacht im Kühlschrank rasten lassen.

Dieser Topfenblätterteig kann sowohl für süße als auch für pikante Gerichte verwendet werden! (Siehe z.B. Rezept Seite 80: „Blätterteig-Käse-Torte“)

TOURIEREN

Nach dem Abkehren des Teiges erhält dieser jeweils eine

einfache Tour	*dreimal einschlagen*
doppelte Tour	*viermal einschlagen*
einfache Tour	*dreimal einschlagen*
doppelte Tour	*viermal einschlagen*

Nach jeder Tour läßt man den Teig mindestens eine halbe Stunde zugedeckt kühl ruhen, damit er seine Spannung verliert. Bei zu kurzen Pausen schnurrt der Teig zusammen.
Beim Bestreichen mit Ei ist darauf zu achten, daß die Schnittflächen nicht benetzt werden, da in der Hitze das Ei stockt und das Backgut am Aufgehen hindert bzw. dieses ungleichmäßig aufgeht.
Blätterteig wird bei ca. 200°–220° C angebacken, Nach Erreichen der gewünschten Höhe langsam ausbacken, damit das Backgut knusprig und nicht zäh wird.
Dampf setzt man ein, wenn Backgut besonders hoch aufgehen soll, z.B. Pasteten. Nach dem Anbacken wird auf das Unterblech etwas Wasser geleert, das Rohr sofort wieder geschlossen, der dadurch entstehende Dampf gibt dem Backgut nochmals Auftrieb.

Behandlung von Abfallblätterteig – Teigresten:
Niemals zusammenkneten, sondern übereinanderlegen und einfach tourieren, weiterverwenden für Käsebäckereien, Fleurons oder als Auslegeteig zum Blindbacken von Tartelettes und Barquettes.

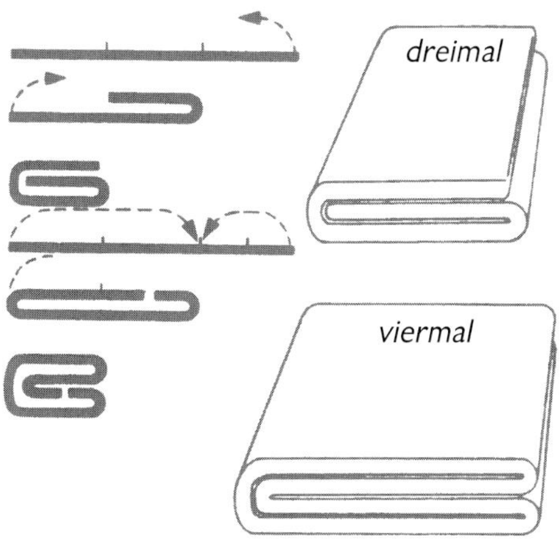

Genfer Fondue

Winter

Kalte Tage, heißes Feuer:
Der Genuß von schmelzendem
Käse gehört zu den schönsten
Seiten des Winters!

Kulinarisches und Biographisches

WINTERMELODIE

Winter – das klingt für viele Menschen fast wie eine Drohung. Schnee, Eis und Kälte treiben uns von den Straßen hinein in die gute Stube. Ob im Gasthaus oder daheim: Kochen und Essen macht nie so viel Spaß wie in der kalten Jahreszeit! Die Rezepte auf den folgenden Seiten machen auch Ihnen bestimmt Lust auf einen gemütlichen Abend daheim, im Kreise der Familie oder lieber Freunde. Und wer nicht gerne allein am Herd steht, veranstaltet eben das große Gemeinschaftskochen!

Winter und Kochen – das erinnert mich an das Ende des Winters 95/96, als ich einmal mehr unser Heimatland im Ausland repräsentieren durfte. Im Rahmen der Millenniumsfeiern wurde ein „verdienter österreichischer Koch" gesucht, der in Dänemark eine Woche lang Lust auf österreichische Spezialitäten erkochen sollte. Nicht nur, daß ich gerne reise und auch gerne kulinarischer Botschafter unseres Landes bin – eine Woche lang den dänischen Gaumen mit Schmankerln aus der Alpenrepublik erfreuen zu dürfen, das ist schon etwas ganz Besonderes! So bekam ich nach dieser erfolgreichen Veranstaltung ein Fax von Franz Stockhammer, dem Besitzer des Kopenhagener Restaurants *L'Alsace*, mit dessen Leuten ich eine so erfreuliche Zeit in der Küche verbracht hatte: „Im Augenblick bist Du der berühmteste Mann in Dänemark, denn nicht einmal über die königliche Familie wurde in den Zeitungen soviel berichtet wie von Dir!"

Darüber habe ich mich unheimlich gefreut, denn was könnte den Erfolg einer Reise mehr bestätigen als diese wenigen Zeilen?

Reisen – das ist eine wichtige Sache in meinem Leben. Der Beruf bringt es mit sich, daß ich mitunter um den halben Erdball fliegen muß, um österreichische Eßkultur auch dorthin zu bringen, wo Mentalität und Eßgewohnheiten von den unseren wirklich grundverschieden sind.

Japan ist ein besonders gutes Beispiel dafür. Insgesamt habe ich bereits zwölfmal das Heimatland von Sushi und Tempura besucht, und ich habe keine einzige Reise bereut. Die Anstrengung des langen Fluges vergißt man sofort, wenn man miterlebt, wie gastfreundlich und bemüht die Japaner sind. Daß diese Bemühungen zumindest in der Küche nicht immer von Erfolg gekrönt sind, zeigt folgende verwirrende Episode:

Bereits vor etwa 15 Jahren hatte der damalige Wirtschaftskammer-Präsident Karl Dittrich, wirtschaftliche Kontakte mit Japan und Amerika geknüpft. (Damals habe ich gerade im *Modul* unterrichtet.) Oberschulrat Faseth (richtig, damals als „Küchenchef Ernst Faseth" aus dem Fernsehen bekannt) wurde für amerikanische *connections* bestimmt, während ich für die japanischen Kontakte in Sachen Kochen zuständig war. Also habe ich im *Modul* zwei Wochen lang Zeit gehabt, japanischen Köchen die Grundbegriffe echter österreichischer Küche beizubringen. Das klingt relativ einfach und läßt kaum vermuten, daß die tatsächlichen Schwierigkeiten bereits bei Kleinigkeiten begannen. So gehört Improvisation für den gelernten Österreicher zum täglichen Leben, den Japanern aber ist die Bedeutung dieses Begriffs völlig unbekannt. Gerade beim Arbeiten in der Küche, insbesondere beim kreativen Kochen, ist aber nicht minutiöses Aneinanderreihen von Zutaten gefragt, sondern Fingerspitzengefühl, Erfahrung – und G'spür! Alles Dinge, die man eigentlich nicht lernen kann, sondern die man sich erst im Laufe der Zeit aneignet. *Learning by doing* nennt man das heute!

Als ich dann aber erstmals nach Japan eingeladen wurde, um dort im Rahmen der Österreich-Wochen täglich – drei Wochen lang – unsere Küche zu präsentieren, mußte ich schon lange vorher überlegen: Wie gehe ich in der japanischen Küche am besten vor? Wie kann ich mit den dortigen Zutaten, mit den japanischen Köchen und ihrer speziellen Mentalität dennoch den Wiener Charakter beibehalten? Gar keine so einfache Aufgabe. Noch dazu, wo die japanischen Köche bei mir in Wien wirklich jeden Handgriff mitgeschrieben hatten! Und hundertmal nachgefragt hatten: „Was mache ich, wenn . . . es in Japan keine Äpfel gibt? Wenn wir keinen grünen Spargel zur Verfügung haben?" Und so weiter. Ich hätte wohl präzise antworten sollen: Birnen statt Äpfel, weißen Spargel statt grünen, etc. Stattdessen habe ich im Brustton der Überzeugung gesagt: „Na, dann machen wir halt was anderes, wir werden schon was finden!"

Genau falsch. Für Japaner nämlich. Die guten Leute waren total verunsichert!

Größte Verwirrung löste dann meine Idee aus, von diversen Degustationen Kleinstportionen als Kostproben zu geben. Ich ließ diese fotografieren und schickte die Fotos vorab nach Japan, damit man sich dort von den zu erwartenden Genüssen ein Bild machen konnte. Wieder der falsche Weg. Denn die Herrschaften in Tokio dachten, daß das alles so gehöre und es sich um ganz normale Hauptspeisen-Portionen handle!

Das gipfelte darin, daß mein erster Japan-Aufenthalt mit einem äußerst unerfreulichen Gespräch begann, das sich während der Fahrt vom Flughafen in Narita nach Tokio abspielte:

„Jetzt hörn S' einmal zu, Herr Zodl", meinte Herr Dr. Frisch und drehte sich zu mir um. „Sagen S' hier nie wieder zu irgend jemandem, ‚Wir werden schon was finden, das werden wir schon machen!' Eine Katastrophe für Japaner! Die sind ganz aus dem Häusel und wissen jetzt gar nix."

Aus Fehlern, auch wenn man nicht wirklich etwas dafür kann, lernt man ja bekanntlich. Und ich nahm mir fest vor, die Küchenpolitik der kleinen Schritte zu verfolgen – mit dem Erfolg, daß die Japaner in der Folge vom Teller-Angreifen bis zum Servieren wirklich JEDE Kleinigkeit aufschrieben.

Dann war es endlich soweit: Die Eröffnung der Österreich-Wochen begann.

Und schon nahm das nächste Unglück seinen Lauf. Denn so gut ich mittlerweile mit den japanischen Köchen und deren Eigenheiten zurechtkam – ans Service dachte ich nicht! Das hätte ich aber tun sollen. Denn ein Vorgespräch zwischen der Küche, dem Service und mir hätte das Desaster erspart, daß zwar drinnen alles reibungslos lief, draußen aber zum Beispiel Wiener Schnitzel mit Sauerkraut serviert wurde. Den noch nicht bis Europa vorgedrungenen japanischen Gästen wäre dies vielleicht nicht weiter ungewöhnlich erschienen. Aber es gab auch jede Menge andere Gäste, zum Teil auch aus Österreich selbst, und diesen war die Vorfreude auf ein heimatliches Eßvergnügen doch ein wenig genommen.

Was das japanische Personal betrifft – rückblickend ist mir schon klar: Woher sollten die armen Teufel auch wissen, daß der Erdäpfelsalat das Maß aller Schnitzel-Beilagen ist? Wahrscheinlich hätten wir es mit original japanischen Gerich-

ten ebenso schwer, alles richtig zu machen, zumindest beim ersten Mal.
Beim großen Empfang am Abend mußte ich dann also zu meiner Freude erfahren, daß die Eröffnung der Österreich-Wochen „danebengegangen" sei. Was also tun? Ich entschloß mich für das, was ein typischer Japaner in solch einer prekären Situation grundsätzlich tut. Ich war beleidigt, nach dem Motto: „Man hat mich im Stich gelassen, ich kenne die Mentalität der Menschen hier nicht, woher auch?", etc.
Ich glaube, dieses Verhalten war endlich goldrichtig!
Denn am nächsten Morgen gab es eine große Konferenz für alle führenden Manager, das Service und die Küchenleute. So haben wir alle Unklarheiten beseitigt, noch ein Glas Wein miteinander getrunken – und ab diesem Moment hat alles reibungslos funktioniert! Die Österreich-Wochen waren dann ein so durchschlagender Erfolg, daß heute noch alle davon reden.
Trotzdem hatte ich nach dem anfänglichen Mißgeschick beschlossen, nie wieder nach Japan zu fahren. Daß ich dann trotzdem noch so oft – und so gerne – dorthin geflogen bin, liegt vor allem an Klaus Dohna, der damals für die Wien-Werbung zuständig war und den ich bereits bei meinem ersten Japan-Aufenthalt kennengelernt hatte. Seinem Köder war fast nicht zu widerstehen: „Ich hätte in Tokio eine viel tollere Sache für dich! Ich bringe dich mit den Leuten der Tokay University zusammen, das ist die zweitgrößte Universität in Tokio. Die haben vis-à-vis vom Kaiserpalast, im ältesten Wolkenkratzer der Stadt, ein wunderschönes Restaurant im 33. Stock: den Tokay University Members Club *Chuyodaku*. Dort eine Wien-Woche zu machen, das wäre genau das Richtige für dich!"
Um es kurz zu machen, ich sagte mit Freude zu und wurde mit offenen Armen empfangen. Im *Chuyodaku* sollte vor allem der Koch selbst hergezeigt werden, „das Wichtigste aus Österreich!" So machte ich in jenem in luftiger Höhe gelegenen Restaurant nicht nur meine Menü-Präsentationen vor den Gästen, sondern mußte z.B. auch das Flambieren übernehmen. Für mich völlig neu, denn bei uns machen das ja die Kellner! Aber vielleicht auch gerade deshalb, weil dort alles so anders war, hat mir diese Woche besonders viel Spaß gemacht.
Und mittlerweile ist Japan schon so etwas wie ein fixer Bestandteil meines Jahresplanes geworden. Es klingt etwas seltsam, ist aber wahr: Wenn in meinem Leben etwas am Anfang danebenging, war es letztendlich immer noch ein großer Erfolg!
So verhielt es sich auch mit meinem TV-Engagement.
Ich habe immerhin acht Jahre lang die Sendung „Häferlgucker" für den ORF gemacht. Gesucht waren damals gute Köche „mit Mutterwitz", wie es so schön hieß, die ungehemmt und frei vor der Kamera reden können. Gemeldet haben sich relativ viele, übriggeblieben sind dann 18, und in der Folge mußte sich die Programmintendanz entscheiden. Schließlich war alles klar: Vier Köche und ein Zuckerbäcker bildeten das TV-Team, Küchenchef Ernst Faseth war der Fachkoordinator.
Unsere erste Aufgabe war relativ einfach: internationale sowie typisch österreichische Menüs zusammenstellen und diese Vorschläge schriftlich an den ORF senden.
Also habe ich gleich einmal eine österreichische Vorspeise gebraucht – aber da gibt's eigentlich nicht viel. Suppen, ja, da fiel mir jede Menge ein. Aber Vorspeisen? Ich habe mich dann für einen gesulzten Wurzelkarpfen entschieden, den ich aber, um ehrlich zu sein, nicht wirklich gut kochen konnte. Ich habe ihn nur vorgeschlagen, weil's eben gepaßt hat.
Wie das Schicksal es will, habe ausgerechnet ich die Sendung mit dem Thema „Heringsschmaus"

zugeteilt bekommen – und mußte den Wurzelkarpfen zubereiten!
Was mir dazu gesagt wurde, war eigentlich nur: „Üben Sie bitte ein wenig für die Sendungen!"
Leicht gesagt, „üben". Aber was?!
Erst nach der dritten „Häferlgucker"-Sendung sagte mir der neu dazugekommene Regisseur: „Üben Sie die Zeitabfolge, Sie müssen mit einem Gericht immer in einer bestimmten Zeit fertig sein! Und noch etwas: Damit es nicht zu technisch wirkt, sagen Sie auch einmal etwas Lustiges."
Was soll einem da schon spontan einfallen vor der Kamera?
Also habe ich in der 7. Minute der Heringsschmaus-Sendung (es ging um die vorhin erwähnte Karpfensulz) „spontan" gemeint: „Und jetzt kommen wir zu unserem Hauptdarsteller, auch, wenn er eigentlich schon tot ist –"
Kamera ab, Lichter an, entsetzte Gesichter. „Das kann man doch so nicht sagen, um Gottes willen!!!"
Also gut, das war's wohl nicht.
Zum Glück wurden die Sendungen ja aufgezeichnet, live wäre es unendlich schwieriger gewesen, allen Wünschen gerecht zu werden. Wie etwa der Zeitvorgabe. Denn insgesamt standen rund 20 Minuten zur Verfügung, und an diese hatte ich mich zu halten. Nicht mehr und nicht weniger!
Klappe. „Kamera ab, Ton läuft, bitte los!" Diesmal war ich drei Minuten zu früh fertig! Was heute sicher kein Problem mehr wäre, denn Möglichkeiten, verbliebene Zeit zu „verbraten", gibt es immer. Damals aber lautete der Auftrag, ich solle mich an die 20 Minuten halten – koste es (Zeit), was es wolle.
Irgendwann hatten wir's dann geschafft, und am meisten geschafft war ich selbst.
Nie wieder Fernsehen, dachte ich nach diesen Aufnahmen. Aber ich kenne mich ja. Wenn mich der Ehrgeiz gepackt hat, muß ich durchziehen, was ich mir vorgenommen habe.
Kein Wunder also, daß ich bei der nächsten Sendung wieder mitmachte – und dabei (eigentlich klar) dann prompt die Zeit überzog! Große Katastrophe, ich bekam meine Rüffel von Intendant und Regisseur, und wieder nahm ich mir vor: Nie mehr TV!
Ein junger Regisseur war es dann, der mich beim (selbstverständlich wieder stattfindenden) nächsten Mal endlich einmal lobte und meinte: „Großartig gemacht, Sie müssen einfach nur das *timing* ein wenig üben!"
Lob spornt an, wie jeder weiß. Ab diesem Zeitpunkt habe ich tatsächlich zu Hause geübt. Einen ähnlichen Aufbau wie im Studio gemacht, die gleichen Zutaten besorgt (Ehrensache – mit Papierschnitzel zu üben, wäre nicht das Wahre gewesen!) und alles zumindest zweimal durchgeübt.
Beim flambierten Hirschrücken für die Weihnachtssendung war ich dann schon ziemlich locker. Ich wollte eigentlich ganz ohne vorheriges Durchprobieren zur Aufnahme gehen – im letzten Augenblick habe ich mir's dann aber doch noch überlegt. Gut war's! Das Kamerateam samt Regisseur hätte seine Freude mit mir gehabt. Denn gerade dieses Rezept ist sich hinten und vorne mit der Zeit nicht ausgegangen. Eine Freude für jene nette Runde, die ich dann zu mir nach Hause eingeladen habe, um die so zubereitete „Hausaufgabe" gemeinsam aufzuessen.
Soviel steht jedenfalls fest: Nach acht Jahren „Häferlgucker" kann ich über meine anfänglichen Probleme nur mehr lachen. Wenn die Furcht vor der Kamera einmal überwunden ist, geht alles viel besser, und auch der Schmäh rennt fast von selbst. Aber gerade in der kalten Jahreszeit, wenn alle Jahre wieder die Weihnachtsmenüs überlegt werden, erinnere ich mich mit einem Schmunzeln an flambierte und andere Köstlichkeiten, an deren Zubereitung ich heute zum Glück ganz ohne Zeitdruck arbeiten kann. Und das macht mit Sicherheit mehr Freude – nicht nur zur Weihnachtszeit!

Einkaufstips für winterliche Käsefreuden

Dezember

MILD:
Brie, Brie de Meaux, Boursin, Camembert, Caprice de Dieux
WÜRZIG:
Cantal, Gruyère de Comté, Fourme, Saint-Nectaire, Tomme de Savoie, Vacherin Mont d'Or
PIKANT:
Beaufort, Bleu de Bresse, Münsterkäse, Roquefort, Rollot

Jänner

MILD:
Kräuter-Boursin, Explorateur, österr. Schafkäse, Vacherin Mont d'Or
WÜRZIG:
Cantal, Emmentaler, Morbier, Salers, Tête de Moine
PIKANT:
Bleu de Bresse, Boscaiola, Roquefort

Februar

MILD:
Boursin, Boulette Cambrai, Tomme de Savoie, Vacherin Mont d'Or
WÜRZIG:
Camembert, mittelalter Gouda, Emmentaler
PIKANT:
Bleu de Bresse, Roquefort, eingelegter Ziegenkäse

Käsestangen oder Käsebrezel

200 g Mehl
120 g geriebener Parmesan
120 g geriebener Emmentaler
120 g Butter
12 EL Sauerrahm
Salz
1 EL Paprika

Ofentemperatur: 170° C
Backzeit: 15 Minuten

Alle Zutaten zu einem Teig verarbeiten und rasten lassen. Dann 5 mm dick ausrollen und in 1 cm breite, 12–15 cm lange Streifen schneiden. Für Käsestangen die Streifen spiralförmig drehen und auf ein Blech setzen oder Brezel legen. Mit Ei bestreichen und im vorgeheizten Rohr backen.

Käsepudding

4 Portionen

4 Dariolformen oder kleine Kasserollen
(mit Butter ausstreichen)

1/4 l Obers
50 g Butter
150 g geriebenes Weißbrot (Mie de pain)
150 g geriebener Käse
Salz und Paprika
3 Eier

4 EL braune Butter

Obers mit der Butter aufkochen, Käse und Weißbrot einrühren und ca. 20 Minuten ziehen lassen. Mit Salz und Paprika würzen. Eier stark schaumigrühren und unter die Masse heben. Dann in die Formen füllen und im Wasserbad ca. 20 Minuten langsam kochen. Beim Anrichten mit brauner Butter überziehen.

Gumpoldskirchner Bohnenzipf

für etwa 10 Portionen

TEIG:
500 g Topfen (20 %)
500 g Mehl, 500 g faschierter Schmer, Salz

FÜLLE:
500 g gekochte weiße Bohnen
200 g Hamburger Speck
150 g Zwiebel, 2 EL Öl
1 rote Paprikaschote, 3 Zehen Knoblauch
1 kleiner, frischer Pfefferoni
Salz, Majoran, 1 TL Essig, 1 EL Dille
1/4 l Sauerrahm

Ofentemperatur: 170° C
Backzeit: 15 Minuten

TEIG
Alle Zutaten zu einem glatten Teig verarbeiten und zwei einfache Touren geben. („Touren geben": siehe Seite 95, unten.) 1 Stunde rasten lassen.

FÜLLE
Zwiebel, Hamburger Speck, rote Paprikaschote und Pfefferoni erbsengroß schneiden. In heißem Öl zuerst den Speck glasig rösten, restliche Zutaten beigeben, weiterrösten. Knoblauch gehackt beigeben, mit Essig löschen. Würzen mit Salz, Majoran und Dille; dann mit den gehackten Bohnen mischen, aufkochen und erkalten lassen. Sauerrahm einrühren.
Den Teig ausrollen, in 12 x 12-cm-Quadrate schneiden, mit Ei bestreichen, Fülle eindressieren. Im Zipf zusammenlegen, wieder mit Ei bestreichen und im vorgeheizten Rohr backen. Warm oder kalt servieren.

Tommes, paniert

für 4 Personen

Zubereitungszeit: 15 Minuten

4 Waadtländer Tommes (nicht zu reif)
1 Ei, 100 g Weißbrotbrösel
80 g Butter
Kümmel, frisch gemahlener Pfeffer

Tommes durch das zerquirlte Ei ziehen, in Bröseln drehen und leicht anklopfen. In geklärter Butter beidseitig 3–4 Minuten bei mittlerer Hitze goldgelb braten.
Auf heißen Tellern anrichten. Nach Wunsch mit Kümmel und Pfeffer bestreuen. Sehr heiß zu feinen Scheiben von Roggen- oder Vollkornbrot servieren.

Schwedische Schnitten

8 kleine Portionen

8 runde Vollkornbrotscheiben
250 g Thunfisch in Öl, durch ein Sieb passiert

ZUM BINDEN:
1/16 l Kartoffelpüree (evtl. Fertigware)
40 g geriebener Käse (Emmentaler, Gouda, etc.)
3 Dotter, 1/16 l Obers, Salz, Cayennepfeffer
8 Scheiben Räucherlachs

Den Thunfisch und die zum Binden vorgesehenen Zutaten zu einer Creme rühren und auf die Brotscheiben verteilen. 3–4 Minuten im heißen Rohr bei ca. 180° C anbacken. Dann mit Räucherlachs belegen und abermals im Rohr heiß werden lassen. Eventuell mit Dille garnieren.

Schwedische Schnitten

Welsh-Rabbits

(oder: Welsh-Rarebits, Heiße Chesterschnitten)

10 rund ausgestochene Weißbrotschnitten in Butter rösten und mit 10 nicht zu dünn ausgestochenen Scheiben Chesterkäse belegen. Die Käsereste hacken, mit einem Eidotter und eventuell etwas Bier flüssig anrühren, mit Cayennepfeffer und Muskat würzen. Die Masse auf die Schnitten verteilen und rasch im heißen Backrohr rösten (Grillstufe im E-Backofen). Sofort servieren.
Die Chesterschnitten schmecken besonders gut als kleiner Imbiß zum Wein.

Rum Tum Tiddy nach Bostoner Art

4 Portionen

60 g Zwiebel, fein gehackt
3 Knoblauchzehen, gehackt
200 g Tomaten, geschält, entkernt und gehackt
Salz, Pfeffer
1 EL Zucker

350 g Cheddar, geraspelt
30 g Butter
1 Ei, verschlagen

Zwiebel und Knoblauch in Butter gelb andünsten, das Tomatenfleisch dazugeben und gut heiß werden lassen. Würzen mit Salz, Pfeffer und Zucker. Cheddar einrühren und unter fast ständigem Rühren schmelzen lassen. Das Ei vorsichtig einrühren und alles heiß servieren.

Grießflammerie mit Käse

4 Portionen

1/8 l Wasser
3/8 l Weißwein
80 g Butter
Salz
Muskat, gerieben
100 g Grieß
60 g Bergbaron oder Emmentaler, gerieben
60 g Parmesan, gerieben
6 Eidotter, schaumiggerührt
6 Eiklar, zu Schnee geschlagen

4–5 kleine, feuerfeste Formen,
mit Butter ausstreichen

Wasser, Wein, Butter, Salz und Muskat aufkochen; Grieß einlaufen lassen und die Masse unter ständigem Rühren ca. 5 Minuten anziehen und überkühlen lassen.
Dann abwechselnd Eidotter und Käse einrühren, zum Schluß den Schnee unterheben und in die Formen füllen.
Die Formen in ein Wasserbad stellen und im Rohr bei ca. 180° C backen (25–30 Minuten). Die Masse sollte an der Oberfläche knusprig braun sein und in der Form auf den Tisch gebracht werden. Eventuell braune Butter dazu servieren.

Vatrouchkis

(Russische Topfenpastetchen)

12 Stück

12 Stück altbackenes Jourgebäck (z.B. Sonnenblumenlaibchen)
etwas Weißwein
200 g Topfen, passiert
150 g Butter
1 Ei
2 Dotter
1 EL geröstete Sonnenblumenkerne
50 g Rohschinken, kleingeschnitten und geröstet
Salz und gestoßener Pfeffer

Jourgebäck „abkappen", aushöhlen und innen leicht mit Weißwein befeuchten.
Aus Topfen, Butter und den restlichen Zutaten eine Creme rühren und Jourgebäck damit füllen.
Bei ca. 180° C etwa 8–10 Minuten backen.
Heiß servieren.

Beurrecky auf türkische Art

ca. 24 Stück

1 Packung Strudelteig (Fertigware)

BÉCHAMELSAUCE
1 EL Butter mit
1 EL Mehl in der heißen Pfanne aufschäumen, sofort mit
1/4 l Milch unter ständigem Rühren langsam aufgießen, aufkochen und mit
Salz, Cayennepfeffer, Muskat würzen.

350 g Schafkäse, z.B. Feta, zerdrückt
1 Knoblauchzehe, feingehackt

1 Ei zum Bestreichen
Backfett

Feta mit Béchamelsauce und Knoblauch mischen, dann erkalten lassen.
In 24 Teile teilen, zigarrenartig rollen.
Den Strudelteig ebenfalls auf 24 Portionen aufteilen. Mit Ei bestreichen und den Käse einrollen; die Enden andrücken und im Fett rasch backen.
Heiß servieren.

Roquefort-Toast mit Keta-Kaviar

ca. 25 kleine Portionen

Etwa 20–25 Stück klein und dünn geschnittenes Zwiebelbrot, in Butter beidseitig goldgelb geröstet

AUFSTRICH:
150 g Brie ohne Rinde, 150 g Roquefort
70 g Butter, Muskat, Pfeffer
Schnittlauch, fein geschnitten
*Keta-Kaviar (Menge je nach Geldbörse!)**

Die passierten Käse mit Butter stark abrühren, würzen und auf die heißen Brote auftragen. Mit Schnittlauch bestreuen und mit Kaviar garnieren. Diese Toasts eignen sich gut zum Aperitif, sollten aber laufend mit Eintreffen der Gäste gefertigt werden.

*Keta-Kaviar: lachsrot und größer als der herkömmliche schwarze Seehasenrogen. Er wird in kleinen flachen Glasdosen angeboten und ist zwar um einiges teurer als z.B. schwarzer, gefärbter Seehasenrogen, kostet aber lange nicht so viel wie etwa echter, grauer Beluga-Kaviar.

Quargelaufstrich

150 g Gervais, 100 g Butter
200 g reifer Quargel, zerdrückt oder geschnitten
Salz, Pfeffer und gehackter Kümmel
(eventuell Paprikapulver zum Bestreuen der bestrichenen Brote)

Butter und Gervais gut schaumigrühren, würzen und zum Schluß den Quargel beigeben; stark abtreiben. Dieser herzhafte Aufstrich paßt besonders gut auf frisches Schwarzbrot.

Quargelaufstrich

Stosuppe

Zutaten für 4 Personen:

1/2 l Wasser
Salz, Kümmel
1/2 l saure Milch
10 g Mehl
1/2 l Sauerrahm
einige Kartoffeln, gekocht

Wasser, Salz und Kümmel zum Kochen bringen. Die saure Milch mit dem Mehl glattrühren und ins köchelnde Kümmelwasser einfließen lassen. Aufkochen, dann den glattgerührten Sauerrahm nach und nach einrühren. Zum Schluß die geschälten und würfelig geschnittenen (zuvor extra in Salzwasser gekochten) Kartoffeln beigeben.
Mit frischem Schwarzbrot oder gerösteten Schwarzbrotscheiben servieren.
Beliebte Fastensuppe!

Engelberger Klostersuppe

für 5 Personen

Zubereitungszeit: 40 Minuten

1/2 l Rindsuppe
60 g Reis
60 g Butter
60 g Zwiebel, gehackt
Petersilie, Schnittlauch und Bohnenkraut, gehackt
60 g Milchbrotwürfelchen, geröstet
2 Eier, verquirlt mit
Salz, Pfeffer und Muskat
50 g geriebener Sbrinz oder Parmesan

Reis in der Rindsuppe ca. 18 Minuten kochen.
Die Zwiebel in Butter hellglasig dämpfen, die gehackten Kräuter kurz mitdämpfen und der Fleischsuppe beigeben.
Die gerösteten Brotwürfelchen in eine vorgewärmte Suppenschüssel geben, die heiße Suppe darübergießen, die gewürzten Eier einrühren und mit Käse bestreut servieren.
Frisches Bauernbrot dazureichen.

Busecca

für 5 Personen

Zubereitungszeit: 1 Stunde

30 g Borlotti-Bohnen (Trockengewicht),
am Vorabend eingeweicht
40 g Butter
75 g Zwiebel, fein geschnitten
*50 g Tomaten-Concassée**
25 g Tomatenmark
2–3 Liter Rindsuppe
250 g Kutteln, vorgekocht
(Gewürze nach Geschmack)
75 g Lauch, 75 g Karotten
50 g Weißkohl, 150 g Kartoffeln
50 g Sellerie, 1 Knoblauchzehe
30 g Rückenspeck, würfelig geschnitten
75 g Parmesan, gerieben

Die Bohnen mit einem kleinen Gemüsebündel rund eine Stunde leicht knackig kochen. Dann das mitgekochte Gemüse in grobe Streifen schneiden und mit dem Zwiebel in Butter glasig dämpfen. Tomaten und Tomatenmark beifügen und mit Rindsuppe auffüllen.
In nudelige, feine Streifen geschnittene Kutteln und Bohnen dazugeben und weitere 25 Minuten köcheln lassen.
Gemüse kochen, zusammen pürieren, den Speck dazugeben und mit frischen, feingehackten Küchenkräutern wie Basilikum, Salbei und Majoran mischen. Ebenfalls zur Suppe geben.
In rustikalen Tellern oder Schalen anrichten und geriebenen Käse dazu reichen.

Passender Wein: Tessiner Merlot.

*Concassée: geschälte Tomatenwürfel ohne Kerne

Rahmsuppe

Zutaten für 4 Personen:

1 l Wasser
Salz, Kümmel
1/4 l Sauerrahm
2–3 EL Mehl
Pfeffer und Salz
1 Spritzer Essig
2 EL Obers
Muskatnuß, gerieben

Wasser, etwas Salz und Kümmel zum Kochen bringen. Den Sauerrahm mit dem Mehl glattrühren, langsam in das siedende Salz-Kümmel-Wasser einrühren und kurz kochen lassen. Mit Salz und Pfeffer, eventuell auch mit einem Spritzer Essig, abschmecken. Mit frischgeriebener Muskatnuß und Obers vollenden.
Eine Rahmsuppe wird in Kärnten bei verschiedenen Festessen, bei Hochzeiten, aber auch beim „Leichenschmaus“ serviert; sie soll außerdem eine schützende Unterlage für ein paar Gläschen Schnaps abgeben.

Ramequins mit Käse

für 4 Personen

Zubereitungszeit: 40 Minuten

6 Scheiben Englischbrot, getoastet
(oder einfaches Toastbrot)
0,5 dl Weißwein
20 g Butter
180 g Käse
(Greyerzer Käse und/oder Emmentaler)

4 Eigelb
1,5 dl Rahm
2 dl Milch
Salz, Muskat und Pfeffer
4 Eiweiß, steif geschlagen

Brotscheiben toasten und schräg halbieren.
Käse in gleich große Dreiecke schneiden, abwechselnd ziegelartig in eine gebutterte Gratinplatte schichten. Mit Weißwein beträufeln.
Eigelb, Rahm und Milch verquirlen, würzen und den Eischnee darunterziehen. Über das Brot und den Käse gießen und im Ofen goldgelb backen.
Dazu paßt feiner gemischter Salat.

Erdäpfelgratin

ca. 4–6 Portionen

1 kg rohe Kartoffeln (festkochend), geschält,
in ca. 2–3 mm dicke Scheiben
geschnitten und abgetropft
1/2 l Milch
1/4 l Schlagobers
60 g Bergbaron, gerieben
Salz, Pfeffer, Muskatnuß

ZUM AUSFERTIGEN:
2 Knoblauchzehen
50 g Parmesan, gerieben
40 g Butter (in kleinen Stücken)
1 feuerfeste Schüssel

Milch mit Obers aufkochen. In dieser Mischung die Erdäpfel unter oftmaligem Umrühren ca. 20 Minuten dünsten; zum Schluß den geriebenen Bergbaron dazumischen.
Die feuerfeste Form mit Knoblauch ausreiben, die Kartoffelmasse einfüllen, mit Parmesan bestreuen, mit Butterstückchen belegen und im Rohr bei ca. 180° C etwa 50 Minuten backen. Bei zu starker Bräunung mit Folie abdecken.
Paßt besonders gut zu gedünsteten Fleischspeisen, Lammfleisch und Pilzgerichten.

Topfenstrudel

Genfer Fondue nach Eva-Maria Borer

4–6 Portionen

600 g Emmentaler oder Greyerzer Käse
1/8 l Obers
3 Eidotter
1/8 l Weißwein
gemahlener Pfeffer und Muskat

Geröstetes Weißbrot, Graubrot oder in der Schale gekochte Kartoffeln als Beilage

Alle Zutaten am besten in einem Keramiktopf (es gibt spezielle Fonduetöpfe) vermischen und auf kleinster Flamme langsam erwärmen, bis der Käse schmilzt. Keinesfalls darf die Masse aufkochen, da sie sonst gerinnt.
Man kann das Weißbrot in größere Würfel schneiden, auf lange Fonduegabeln spießen und das Brot im geschmolzenen Käse drehen.

Kalbsbratenreste auf russische Art

ca. 4 Portionen

400 g Kalbsbraten (vom Tag vorher), in 2–3 cm große Stücke geschnitten
100 g gekochter Schinken, ebenfalls in Stücke geschnitten
Butter (zum Ausstreichen einer feuerfesten Form)

SAUCE:
1 kleine Zwiebel, feingehackt
40 g Butter
40 g Mehl
1/2 l Milch mit 2 Gewürznelken und 1 Lorbeerblatt
Salz, Pfeffer, Muskat
2 Eidotter
4 EL Parmesan
Butterflocken zum Belegen

Zwiebel in Butter anschwitzen, Mehl dazugeben und aufschäumen lassen. Überkühlen, die Milch dazuseihen, alles glattrühren und ca. 10 Minuten durchkochen. Würzen.
Die Eidotter einrühren, alles über das Fleisch gießen, mit Parmesan bestreuen und mit den Butterflocken belegen.
Im vorgeheizten Rohr bei ca. 200° C goldgelb überbacken.

Topfenteigtascherln mit heurigem Sauerkraut

ca. 4 Portionen

TEIG:
200 g Topfen, passiert
200 g Mehl
1 Ei, Salz
Rasch zu einem Teig kneten
und 1 Stunde rasten lassen.

FÜLLE:
100 g durchzogener Speck, kleingeschnitten
1 mittlere Zwiebel, gehackt
1 EL Öl, etwas Weißwein
500 g frisches Sauerkraut
1 kleiner Apfel, geraffelt
Salz, Pfeffer und etwas Zucker

SAUCE:
150 g Schinken, kleingeschnitten
100 g gehobelte oder gehackte Mandeln
30 g Butter, 30 g Mehl
1/4 l Milch
1/4 l Kaffeeobers
Salz, Muskat
1 EL geriebener Kren

SONSTIGES:
ca. 100 g Brösel
100 g Butter, kurz mit den Bröseln geröstet
Ei zum Bestreichen

FÜLLE:
Speck und Zwiebel in Öl kurz anrösten, mit Weißwein löschen. Apfel und Sauerkraut dazugeben und dünsten, bis die Flüssigkeit verdampft ist. Abschmecken mit Salz, Pfeffer und Zucker; stark überkühlen.

Aus dem Teig eine Rolle formen und 8 Teile schneiden. Jeden Teil in ein Quadrat von ca. 8 x 8 cm drücken oder rollen.
Die gerösteten Brösel und das Sauerkraut darauf verteilen.
Die Ränder mit Ei bestreichen, dreieckig zusammenlegen und ausdrücken. Auch die Oberseite mit Ei bestreichen, einmal mit einer Gabel anstechen und im heißen Rohr bei ca. 180° C etwa 15 Minuten backen.

SAUCE
Schinken und Mandeln in Butter anrösten, Mehl beigeben, aufschäumen und mit Milch und Kaffeeobers aufgießen. Glattrühren und ca. 10 Minuten langsam kochen. Würzen und vor dem Servieren den Kren beigeben.

Brotwürfel mit Käse

für 4–5 Personen

Zubereitungszeit: 30 Minuten

400 g altbackenes Brot,
in Würfel von 1,5 x 1,5 cm geschnitten
80 g Butter, 1dl Rahm
200 g Appenzeller Vollfettkäse, gerieben
200 g Appenzeller Käse, gerieben
Muskat, frisch gemahlener Pfeffer
50 g Schnittlauch, feingeschnitten

Das Brot in der Butter goldbraun rösten. Die beiden Käse mischen und darüberstreuen. In der Pfanne weiterbraten. Den Rahm unter fleißigem Rühren beifügen, bis die Brotwürfel vom Käse umwickelt sind. Mit Pfeffer und Muskat würzen und auf vorgewärmten Tellern anrichten. Mit Schnittlauch bestreuen und sofort servieren.

Topfenstrudel

(Palais Auersperg)

für 5–6 ganze Strudel

TOPFENFÜLLE:
100 g Butter, 20 g Staubzucker
Salz, Vanillezucker, Zitrone
3 Eidotter
300 g Topfen, 2 EL Sauerrahm
3 Eiweiß
40 g Kristallzucker
40 g Weißbrotwürfel

1. Weiche Butter mit Staubzucker und Geschmackszutaten schaumigrühren.
2. Temperierten Topfen (zimmerwarm, nicht direkt aus dem Kühlschrank), Dotter und Sauerrahm abwechselnd einrühren.
3. Eiweiß mit Kristallzucker zu schmierigem Schnee schlagen.
4. Zuerst 1/3 vom geschlagenen Schnee unter die Topfen-Buttermasse heben. Weißbrotwürfel dazugeben und den restlichen Schnee zum Schluß einmelieren.
5. Strudelteig für 5–6 einzelne Strudel ausziehen, mit Butter bestreichen, Fülle darauf verteilen und einrollen.
6. Die Strudel mit der Teignaht nach unten auf ein bebuttertes Blech legen und gut mit Butter bestreichen.
7. Bei 200° C anbacken, nach 2/3 der Backzeit bei 180° C ausbacken. (Gesamtbackzeit: 40–45 Minuten)
8. Nach dem Backen wieder mit Butter bestreichen.
   In Suppentellern mit warmer Vanillesauce servieren.

Kipferlkoch mit Topfen

4–6 Portionen

8 Kipferln,
altbacken und in Scheiben geschnitten
1/2 l Milch
100 g Butter
80 g Kristallzucker
1 Packung Vanillezucker, Zitronenschale
3 Eidotter
150 g Topfen, passiert
50 g Rosinen
2 mittelgroße Äpfel, geschält und blättrig geschnitten

Die Kipferln in der Milch quellen lassen. Butter mit der Hälfte Zucker, Vanillezucker und Zitronenschale schaumigrühren.
Eidotter nach und nach dazugeben und alles mit dem Topfen glattrühren. Diesen Abtrieb mit den Kipferln mischen. Das Eiklar mit dem restlichen Zucker zu festem Schnee schlagen und unter die Masse heben.
Eine feuerfeste Schüssel mit Butter ausstreichen, mit Zucker ausstreuen und die Hälfte der Masse einfüllen. Dann die geschnittenen Äpfel darauflegen, mit der restlichen Masse bedecken und das Kipferlkoch bei 180° C ca. 35 Minuten backen.

Kipferlkoch mit Topfen

Topfenreis mit Himbeersaft

ca. 4–6 Portionen

1 l Milch
1 Prise Salz
1 Vanillestange, aufgeschnitten
200 g Rundkornreis, einmal durchgewaschen

4 EL Maraschino
4 Blatt Gelatine, im kalten Wasser gequollen und ausgedrückt
60 g Zucker
200 g Topfen, passiert
1/4 l geschlagenes Obers

Himbeersaft
eventuell Schlagobers zum Garnieren

Die Milch mit Salz und Vanille aufkochen und den Reis darin weichdünsten (ca. 25 Minuten). Gelatine darin auflösen, gut verrühren; Zucker, Topfen sowie Maraschino beigeben und kurz vor dem Stocken das geschlagene Obers unterheben. In befeuchtete Formen füllen und ca. 2 Stunden durchkühlen. Beim Anrichten die Formen in warmes Wasser halten, stürzen und den Topfenreis mit Himbeersaft servieren.

Gumpoldskirchner Schmerstrudelteig

für 3 Strudel

FETTZIEGEL:
520 g Schmer
240 g Mehl

TEIG:
450 g Mehl
2 Eier, 2 Dotter
3/16 l Sauerrahm
2 EL Rum
1/8 l Wasser

Ofentemperatur: 180° C
Backzeit: 30 Minuten

FETTZIEGEL:
Den Schmer mit dem Mehl glattarbeiten, einen flachen Ziegel formen und 1 Stunde im Kühlschrank rasten lassen.

TEIG:
Alle Zutaten zu einem glatten Teig verarbeiten und zugedeckt 1 Stunde ruhen lassen. Dann den Teig wie Blätterteig ausrollen, den Fettziegel einschlagen und dreimal eine einfache Tour geben, zwischen den Touren ist mindestens eine halbe Stunde Rastzeit einzuhalten („Touren geben": siehe Seite 95). Vor der endgültigen Verarbeitung ist ein mehrstündiges Rasten des Teiges empfohlen.
Der Teig wird zu Strudeln verarbeitet und kann mit Ribiselmarmelade, Preiselbeeren, aber auch mit Kartoffeln, Grammeln oder Kraut gefüllt werden.

Beschwipster Lebkuchen

4 Portionen

200 g Powidl
100 g Topfen, passiert
Vanillezucker, Zimt, Nelkenpulver, Rum
100 g kleingehackte Aranzini
1/8 l geschlagenes Obers

250 g Lebkuchen, in kleine Würfel geschnitten und in
1/8 l Gewürztraminer oder Eiswein gut getränkt

Powidl mit Topfen glattrühren, Geschmackszutaten sowie Aranzini dazugeben und das Obers unterheben. Einmal stark durchrühren, damit die Masse leicht rinnt.
In Glasbechern nun Lebkuchen und Powidlcreme abwechselnd einfüllen. Ein Glas des zum Tränken verwendeten Weines dazu servieren.

Brandteigkrapfen mit Kaffeetopfencreme

ca. 12 Stück

TEIG:
1/4 l Wasser, 120 g Butter
220 g glattes Mehl, etwas Salz, 4 Eier

Wasser, Butter und Salz aufkochen.
Vom Herd nehmen und Mehl einrühren. Wieder aufs Feuer stellen und so lange auf kleiner Flamme rösten, bis sich der Teig vom Geschirr löst (es bildet sich ein Knödel). In eine andere Schüssel geben und nach und nach die Eier einrühren.
Auf Backpapier mittels Dressiersack und großer Sterntülle 12 Krapfen dressieren.
Im vorgeheizten Rohr bei ca. 200° C etwa 12 bis 15 Minuten anbacken, dann bei 150° C weitere 15 Minuten ausbacken.

FÜLLE:
3 Eier, 100 g Zucker
4 Blatt Gelatine
(in kaltem Wasser gequollen und ausgedrückt)
100 g Milchschokolade
(ca. 1 Tafel, kleinwürfelig geschnitten)
2 EL Löskaffee, 2 EL Kaffeelikör
400 g cremiger Topfen, 1/4 l Schlagobers

Eier und Zucker über Dunst dickcremig aufschlagen, Gelatine und Milchschokolade darin auflösen und kaltrühren. Löskaffee und Kaffeelikör dazugeben, Topfen einrühren und dann das geschlagene Obers unterheben.
Die Brandteigkrapfen durchschneiden und mit der Creme füllen (am besten mit dem Dressiersack). Oberteil aufsetzen und leicht angezuckert servieren.

SAINT-NECTAIRE
AFFINÉ PAR
PAUL DISCHAMP

Käsespezialitäten aus Österreich

WIEN

Nicht nur passionierte Heurigenbesucher kennen Wiens Parade-Spezialität: den *Liptauer!* Dieser Streichkäse schmeckt köstlich auf frischem Schwarzbrot und wird am besten nach dem Rezept in diesem Buch zubereitet.

NIEDERÖSTERREICH

Ein heißer Tip ist der frische Schaf- und Ziegenkäse aus dem Waldviertel und der Wachauer Gegend. Außerdem wird im Mostviertel herrlicher, säuerlich-würziger Schafkäse zubereitet; wenn er als Mischkäse mit Kuhmilch hergestellt wird, schmeckt er milder.

BURGENLAND

Frischer, saftiger Ziegenkäse mit herbem Duft und zartem Geschmack ist der Insider-Tip für jeden, der burgenländische Käsegenüsse sucht.

STEIERMARK

Steirischer *Graukäse,* im Volksmund *Steirerkas* genannt, ist ebenso bekannt und beliebt wie etwa der *Kainachtaler Jägerkäse,* ein Klosterkäse mit kurzer Reifezeit – und großen Löchern!

OBERÖSTERREICH

Allseits bekannt ist der *Mondseer,* ein saftiger, erfrischend herber Rotschmierekäse aus dem Salzkammergut. Auch der oberösterreichische *Schloßkäse* ist ein Begriff – mit seinem milden, butterzarten Geschmack war er bereits beim Kaiser beliebt!

SALZBURG

Pongauer Ziegenkäse schmeckt ebenso hervorragend wie *Pinzgauer Bierkäse,* ein Schnittkäse aus magerer Kuh-, Schaf- oder Ziegenmilch.

KÄRNTEN

Im Gailtal wird aus gekochtem Topfen der butterweiche *Glundner Kochkäse* erzeugt.

TIROL

Delikat schmeckt nach mindestens sechs Monaten Reifezeit der würzige *Tiroler Bergkäse. Tiroler Graukäse* wird während der Reifung glasig – ein hervorragender Magerkäse, der am besten mit Essig, Öl und Zwiebel gegessen wird. „Grau“ ist dieser Käse durch den Schimmelbewuchs, der zum Teil durch Impfung mit Roquefort-Schimmel erzielt wird. Nicht jeder kennt ihn: Ziegenkäse aus Kitzbühel.

VORARLBERG

Die Nachbarschaft zur Schweiz ist unverkennbar. Hier werden hauptsächlich *Bachsteiner Käse* und Räßkäse produziert, als pikante, gereifte Rotschmierekäse. Außerdem kommen köstlicher *Bergkäse* und *Sura-Käs,* der – ähnlich dem Quargel – intensiv im Geschmack und topfig in der Konsistenz ist, aus dem Ländle.

Käse und Wein

Es würde wohl ein eigenes Buch füllen, wollte man über dieses wunderbare Thema einigermaßen erschöpfend berichten. Soviel sei aber an dieser Stelle bemerkt: Erlaubt ist, was Freude macht und schmeckt. Wein„vorschriften" sind in Wahrheit reine Empfehlungen und dienen nur als Anhaltspunkt. Eines haben jedoch Käse und Wein gemeinsam: Beides sind Produkte mit jahrhundertealter Tradition und oft sorgsam gehüteten Herstellungsverfahren – ihre gelungene Kombination bietet jedem Feinschmecker reinen Genuß.

Zur Käseplatte als Abschluß eines mehrgängigen Menüs empfehlen sich gehaltvolle Rotweine, richtig temperiert, also mit 16°–18° Celsius.
Um bei österreichischen Rotweinsorten zu bleiben: etwa ein Blauer Burgunder, Kabinett oder Spätlese, aus dem Burgenland oder der Badener Gegend.
Zu Blauschimmelkäse wird gerne Portwein, Vin Santo aus der Toskana oder französischer Sauternes getrunken.
Grundsätzlich gilt:
Käse und Wein aus derselben Gegend passen immer zusammen!
Wenn Sie also zum Gouda einen Beaujolais servieren,
zum Camembert einen Bordeaux,
zum Brie einen Graves,
zum Pecorino einen Chianti
und zum Münsterkäse einen Burgunder,
kann praktisch nichts schiefgehen.

Bei aller Freude an französischen Genüssen sollten wir doch patriotisch bleiben. Deshalb finden Sie hier auch einige Beispiele für heimische Wein-Käse-Kombinationen, bei denen Rot- und Weißweine gleichermaßen wichtige Rollen spielen.
Für milde Käse eignen sich am besten körper- und gerbsäurereiche Rotweine ohne spürbare Säure (z.B. Blauer Burgunder). Je intensiver der Käsegeschmack, desto säurereicher der Wein. Zu kräftigem Münsterkäse schmeckt daher eher ein leichter, säurebetonter Riesling! Milder Rotwein wäre hier also fehl am Platz – er wäre vom Münsterkäse dominiert und würde das Geschmackserlebnis einfach stören.

Sie servieren am besten zum
milden Frisch- oder Streichkäse: St. Laurent oder Zweigelt;
zu mildem Bergkäse und Weißschimmelkäse: Blauen Burgunder, trockenen Chardonnay;
zu Kochkäse: Grünen Veltliner;
zu pikantem Bergkäse: Cabernet;
zu Weichkäse: trockene, frische Rosé-Weine;
zu Rotschmierekäse: Riesling;
zu frischem Ziegen- und Schafkäse sowie Räßkäse: Ruländer;
zu scharfem Ziegen- und Schafkäse: Trockenbeerenauslesen (bitte eiskalt!).

Was vielleicht auch nicht jeder weiß:
Selbst Bier paßt zu gewissen Käsesorten! So wird etwa österreichischer Graukäse am liebsten mit einem herben Pils genossen; ebenso passen auch Emmentaler, Bergkäse und frischer Ziegenkäse zu einem kühlen Bier.

Meine Gedanken zu Käse und Wein

Als Koch mit Erfahrung in internationalen Menüfolgen und auch als privater Gastgeber vertrete ich die Meinung, daß in einem Menü für besondere Anlässe zwei Gänge nicht fehlen dürfen, die man am heimischen Herd nicht allzu häufig zubereitet: Fisch und Käse.

Es gibt eine große Auswahl an erlesenen Käsesorten und hervorragenden Käsegerichten, die oft nicht richtig interpretiert und eingesetzt werden. Daher wünsche ich mir liebevolleren Umgang mit diesen gottgeschenkten Köstlichkeiten.

Als überzeugter Österreicher bin ich Anhänger der französischen Methode, den Käse nach dem Hauptgang vor den Süßspeisen zu servieren. Die als Zwischengericht gereichten Leckerbissen dürfen aber meiner Meinung nach nicht zu feste, harte und dadurch zu strenge Vertreter ihrer Zunft sein. Starker Eigengeschmack, cremige Konsistenz, guter Fettgehalt sollten sie auszeichnen. Ein auch nur kleines, aber sorgfältig gewähltes Stück Käse und ein gutes Glas Wein machen ein Intermezzo zum kulinarischen Erlebnis.

Die Weinauswahl bereitet manchmal kleine Probleme. Wenn zum Hauptgang Rotwein kredenzt wurde, muß der Rotwein zum Käse kräftiger, runder ausfallen, die Steigerung sollte aber wohlüberlegt sein. Ich gebe der immer öfter praktizierten Variante den Vorzug, kräftige, gehaltvolle Rotweine zu reichen, z.B. Eiswein, Ausbruch, Sherry oder Spätlese.

Pflegen Sie Käse mit Liebe und Einfühlungsvermögen und scheuen Sie sich nicht, die von Ihnen gewählte Kombination von Käse und Wein einer Kostprobe zu unterziehen, ehe Sie Ihren Gästen eine perfekt zusammengestellte, verführerisch duftende Käseplatte anbieten.

Lebenslauf

Name: Franz Zodl
Geboren: 14. August 1944 in Mödling, N.Ö.
Staatsbürgerschaft: Österreich
Abschluß der Schulpflicht: 1958
Lehrzeiten:
1. September 1958 bis 31. August 1961: Lehre als Zuckerbäcker in der Konditorei Rötzer in Mödling.
18. September 1961 bis 17. September 1963: Lehre als Koch, *Hotel Sache*r in Wien.
Berufspraxis:
18. September 1963 bis 31. August 1975: Jungkoch bis stellvertretender Küchenchef, *Hotel Sacher.*
1. September 1975 bis 31. August 1976: Küchenchef im Club-Hotel Schloß Weikersdorf, Baden bei Wien.
1. September 1976 bis 14. September 1979: Vertragslehrer des Fonds der Wr. Kaufmannschaft an den Fremdenverkehrsschulen der Wr. Handelskammer. Unterricht in den Lehrfächern Küchenwirtschaft und Kochen, Speisenkunde und Nahrungsmittelkunde.
15. September 1979 bis 30. Juni 1980: Vertragslehrer des Bundes.
1. Juli 1980: Ernennung zum Fachlehrer (L2 a2); seit März 1977: Souschef, Restaurant Leupold *(Kupferdachl).*
Herbst 1967 bis Herbst 1976: Kursleiter im Gastronomischen Institut.
21. Juni 1978: Lehramtsprüfung für den gewerblichen Fachunterricht an berufsbildenden mittleren und höheren Schulen.
14. April 1978: Konzessionsprüfung für das Gastgewerbe.
24. September 1984: provisorischer Leiter der Gastgewerbefachschule Wien/Judenplatz.
18. Dezember 1985: Ernennung zum Direktor der Gastgewerbefachschule.
21. Juni 1991: Verleihung des Goldenen Ehrenzeichens der Republik Österreich.
14. Februar 1996: Verleihung des Titels „Professor" durch den Bundesminister für Unterricht und kulturelle Angelegenheiten.
Sonstige Tätigkeiten:
Seit 1968: Mitglied der Prüfungskommission und Vorsitzender bei Lehrabschlußprüfungen für Köche.
Seit 1977: regelmäßige TV-Mitarbeit (ORF) bei der Sendung „Häferlgucker".
Ebenfalls seit 1977: Vortragender im Vorbereitungskurs zur Konzessionsprüfung für das Gastgewerbe im WIFI Wien.
Seit 1986: Bestellung zum Prüfungsvorsitzenden der Prüfungskommission für die Abschlußprüfung der Hotelfachschüler.
Seit 1987: Lehrbeauftragter und Veranstaltungsleiter des Pädagogischen Institutes des Bundes – Veranstaltungen zur Lehrerfortbildung.
Seit 1986: Lektor für Vorlesungen und Übungen in den Gegenständen „Arbeitsorganisation" sowie „Wirtschaftslehre der Großküche" (9. Semester, 2. Studienabschnitt am Institut für Haushalt und Ernährungswissenschaften in Wien).
Seit 1989: TV-Mitarbeit (ORF) bei der Sendung „Seniorenclub".
Seit 1989: Leiter und Organisator des Küchenmeisterkurses des WIFI für Wien, Niederösterreich und Burgenland.

Register

BILDNACHWEIS

Wiener Tourismusverband/Heinz Angermayr: Umschlag, 3, 6
Milde Verlag (Foto Milde): 41, 43, 55, 59, 67, 77, 81, 89, 93, 105, Hintergrundfoto Umschlag
GUSTO/Stefan Liewehr: Umschlag, 5, 26/27, 33, 70/71, 84/85, 108/109, 113
GUSTO/Barci: Umschlag, 5, 46/47
GUSTO/eisenhut & mayer: Umschlag, 5, 96/97
GUSTO/Wanits: 62/63
GUSTO/DF: 117
GUSTO/Heidegger: 120
GUSTO-ARCHIV: 37
Csaba Szépfalusi: 28, 48, 72, 98
CONTRAST/Ellert: 8
Symbolzeichnungen: Mag. Gerti Gnan

Verlag und Autor danken für die freundlichen Abdruckgenehmigungen.